浙江少年文学新星丛书·第八辑

海 飞 主编

时光的味道

两三点雨山前 著

浙江工商大学出版社
ZHEJIANG GONGSHANG UNIVERSITY PRESS

·杭州·

图书在版编目(CIP)数据

时光的味道 / 两三点雨山前著. —杭州:浙江工商大学出版社,2022.11

(浙江少年文学新星丛书 / 海飞主编. 第八辑)

ISBN 978-7-5178-5013-7

Ⅰ. ①时… Ⅱ. ①两… Ⅲ. ①作文—小学—选集 Ⅳ. ①H194.4

中国版本图书馆 CIP 数据核字(2022)第111622号

时光的味道

SHIGUANG DE WEIDAO

两三点雨山前 著

责任编辑	沈明珠
责任校对	韩新严
封面设计	浙信文化
责任印制	包建辉
出版发行	浙江工商大学出版社
	(杭州市教工路198号 邮政编码310012)
	(E-mail:zjgsupress@163.com)
	(网址:http://www.zjgsupress.com)
	电话:0571-88904980,88831806(传真)
排 版	杭州朝曦图文设计有限公司
印 刷	杭州高腾印务有限公司
开 本	880mm×1230mm 1/32
印 张	8
字 数	121千
版 印 次	2022年11月第1版 2022年11月第1次印刷
书 号	ISBN 978-7-5178-5013-7
定 价	49.80元

个人简介

陈婧萱，义乌市绣湖小学学生。喜欢大都市的繁华，也喜欢小村庄的清闲；喜欢一个人在窗边听风吹竹林、雨打芭蕉，也喜欢在热闹的人群中看灯火璀璨、星光耀眼。尤其喜欢文学带给我的一种很奇妙的感觉，笔尖轻轻流出文字，是心的诉说，是自然的壮美，是世界的无限可能。

孙紫睿，义乌市绣湖小学学生。爱阅读，爱画画，曾获得浙江省机器人比赛全能第一名。兴趣广泛的我，尤其钟爱写作，每次执笔都觉得是一种享受。小说、童话、散文、随笔、文言文，写作的天地是如此广阔，文字的世界是如此美好。

楼夏语，义乌市绣湖小学学生。我平日里极其贪玩，"疯疯癫癫"的，写作时却能够分外安静。幼年时在湖畔书院的时光，成了我创作中最重要的灵感来源。与大家一起游学各地：爬过长城，走过故宫，游过西湖，逛过老街，大江南北。岁月匆匆，如今，都成了我笔下的一篇篇文章。期待未来，我还可以这样：一边行走，一边记录。

周悦，义乌市绣湖小学学生。我对散文情有独钟。对我来说，散文是最便于直抒胸臆的文体吧。每每进入写作状态，便有一种说不清、道不明的感觉萦绕在笔尖，让我不由自主地将最真挚的情感融入每一个文字中。

朱铿谕，义乌市稠城一小学生。从一年级起，阅读与写作就成了我生活中的重要部分。如今，它们仿佛已与我融为一体。用文字记录生活，记录在这个世界上发生的点点滴滴，记录我的见解、思想、生命瞬间的感悟，这是每天最奇妙的事情。

陈婧萱，八岁游学南浔

陈婧萱，十一岁（中）和
小妞们在绍兴仓桥晨读

陈婧萱（右二），十岁游学汤汤童话屋

孙紫睿,八岁游学北
京孔庙

孙紫睿,十一岁在
绍兴游学创作作品

孙紫睿,九岁游学杭州灵隐寺

孙紫睿，十一岁游学花溪，创作《双瀑争霸》

楼夏语，九岁北京国子监，创作背影

楼夏语，十一岁游学徐渭艺术馆

楼夏语（左）和孙紫睿、朱铿谕游学故宫

周悦（左四），十岁游学汤汤童话屋

周悦，七岁在南浔的河边，画具
有南浔特色"水上婚礼"的婚船

周悦，十一岁游学磐安花溪

周悦，八岁游学西湖

朱铿谕,十一岁在湖畔书院
弹奏古筝

朱铿谕(右)和楼夏语、孙紫
睿游学北京水长城

朱铿谕,十岁在磐安花溪
游学

朱铿谕,八岁游学南浔

内容简介

湖畔书院五个活泼可爱的小女孩,犹如五道彩虹之光,她们的文字就如同她们的模样,长成了如今令人欢喜的样子。这本名为《时光的味道》的合集,记录了她们生命中年少的岁月,也记录了她们生命中最初的思考。"时光的味道",以时间为轴,将春花秋月尽收其中;"旅人的驿站",以空间为账,记录了她们行走在路上的点点滴滴;而"神秘的云朵",是一个个天马行空的故事,篇幅多是短短的,回味却是绵长的。

总　序
见字如你

斯巴福德在《小书痴》中写道："有时候，一本书进入我们恰好准备好的心灵，就像一颗籽晶落入过饱和溶液中，忽然间，我们就变了。"而现在，在我们眼前展现的，是一群优秀的少年写作者的作品，稚嫩中有才华，笨拙中见灵性。

一本书，一本由孩子自己创作的书，给予我们更多的思考。文学创作本身具备的魅力正悄悄随着童年、少年、青年的自然生长期而萌芽、生长、繁衍。这种全新的生活体验，正与他们文字成长的速度同步记录和保存。我们感动于他们钟爱文学的热情，体察出他们因大量阅读文学作品而心灵丰盈、笔下生风，而由写作生发出的那种源自内心和诉诸稚嫩笔端的气息，更让我们为之动容和珍惜。真的，没有一个孩子的生活是一样的，哪怕写同一篇文章，也会有不一样的内容。《发现·世界》的作者周昊梵，在记录旅游时的见闻、和父母的亲子互动、校园难忘的经历以及对文学的思考中，就描绘了一个个美好而珍贵的周式童年缩影。但热爱文学，喜欢写作的孩子有一样是相同的，心怀美好，传递美好，想象美好，创造美好，生活和世界，均在此列。所以当一名中学生独自去到异国他乡，文学创作依然是她同行的挚友，徜徉于东西方文化碰撞下的生活环境，写下了记录留学生活的《一路行走一路歌》。"虽说世界庞大，却仍想在这纷扰喧嚣的人群中留下些许痕迹；即使文字稚嫩，也依旧想用真性情，执笔墨书写真我。"这是一直没有停下书写文字步伐的一然，在作品第二次入选"浙江少年文学新星丛书"后，对文学最倾心的表白。

入选"浙江少年文学新星丛书·第八辑"的共15部作品，从内容来看，有纪实小说、国外留学生活记、个人生活旅行记、研学手记、语文单元习作的升级作品、小故事等。这些融合生活和学习故事的习作集，以校园故事、身边的人和事、父辈的追求、中国梦四大主题为主的年代感极强的作品、初具雏形的小说，让你看到一个同样的世界里不一样的心灵感悟。用文字记录生活，并没有写成流水账；想象性作品在现实基础上的对于这个世界的感知与想象既大胆又具有创新性；记录童年生活里的点点滴滴，有情怀有故事有功底，叙述平淡里有曲折，引用典故而能生发意味；习作有向作品的美好过渡和提升，有模仿痕迹但也有不同的见解。文章亦庄亦谐，亦古亦白，语言精雕细琢也有童真童趣；抒情大胆而细腻，感情恰到好处，收放自如，转折与衔接处也有刻意与盈润的笔触。比如同样是因为文学征文比赛而钟情写作的南皓仁、吕可欣，作品有各自不同的特色：南皓仁的作品《不规则图形》包含了多种文体，题材丰富多彩，文字成熟老练，想象力丰富；吕可欣在写作《春曦》时是用她的童眼去观察这个世界，用童心去感受身边的人和事，用童言来抒写她的感受。这里面有童真、童趣，有温暖人心的文字，更有来自灵魂的拷问。他们介入世界与生活的脚步有点快，又看得出有认真充足的准备，字如其人，是真的。少年的你，多少年后，你自己来读一读，还是全新的一个自我。真好！

　　我常常在想，到底是怎样的初衷，能让十几岁的少年，安静地将成长的行程一字不差地记录和感喟。他们所写的生活，有春夏秋冬里细心观察的所感所悟，有现代时尚生活的体验，有在长辈回忆的生活里的感叹和想象中天马行空的生活，最神奇的是，一个小物件都能写出各种不同的故事。少年行的《童真年代》一帧帧都是孩子们纯洁的童真年代的真实写照，是一曲曲质朴无华的童年之歌。桐月六小童的《彩色的天穹》里有孩子们处在乡村与城市之间的最真实的心灵写照与思考。《时光里》镌刻着时光少年的烂漫友谊和温馨童年的美好印记。《行走的哲思》里湖畔四少为我们分享了研学中的所见所闻、所言所行、所思所想，既有深入的对历史的剖析，又有对自然的观察与探索，文笔恣意洒然，未来可期。两三点雨山前用文字记录了她们生命中最初的美好，也记录了她们生命中最初的思考。短短的篇幅，回味绵长，或许真的能品出《时光的味道》。读《素心之履》，你能欣赏到江南水墨长卷般的书生意气，乌镇、南浔、西塘……搂着这样的小镇，感受日日夜夜的人文沉淀的浑厚，那不是一场旧梦，是俗世烟火气息下一个个真实的自我。七八个星天外，以文字采撷遥不可及的历史，呈现的却是眼前的幸福与美好。

写作有起点，有创作方向，有个人的审美追求和价值观。当你的创作代表了人类社会大众的普遍方向，当你虚构的世界引起了人们的关注，当你描述的真实在隐喻和暗藏中悄悄生长，当你的文字，代表了一种生命物质……你会发现，很多事物都不一样了。生在杭州，长于钱塘的梁熙得，以一部《鼹鼠先生的春日列车》，将脑海里的奇思妙想,让人眼前一亮的妙笔生花全部装载。"以梦为马,路在前方。以写为乐,自由畅想。海豹,它有一片海洋。"这是多么自信的童年宣言!诸葛子誉的纪实型小说《稚拙的日子》用真实的笔触,写下了生活的经历和对生活的简单观感,勾画了一个稚拙有趣的童年。徐诗琪在《冒傻气的小红鼠》中更是塑造出了一个个性强、爱出风头,同时也富有正义感和责任感的孩子形象。樊雨桐写的城市女孩则个性独特,惹出一些啼笑皆非的事情,由此有了一段不一样的童年。细细感受《不一样的童年》,你也许会找到你童年里的不同和相似。小作者们在创作道路上的探索和追求,着实引人感动。

　　宙斯为了在广阔的宇宙中创造人类,与普罗米修斯进行了艰难的旅程。他们寻找黏土的途径到现在还众说纷纭:有人说,他们是从色雷斯草原一路东行到小亚细亚,最后在位于底格里斯河与幼发拉底河之间的丰饶之地找到黏土;也有人振振有词,表示他们是南渡尼罗河,穿越赤道,最终在东非得偿所愿。不管经过怎样的跋涉和攀登,最后宙斯决定让雅典娜轻吹一口气,赐予这些成型的泥人生命。在时代的洪流里,我们坚持做这套丛书八年,其间的过程百转千回,在网络科技发达的今天,希望我们的坚持加上你们赋予这项事业的灵气,给予我们追寻文学持久生命力的源泉。

有的作家,他写的作品就如一辈子精心于一类特殊工艺的手艺人一样,作品中有一种固定的地理,一种永远不变的时段,一直让人感觉是在童年时期。而青少年儿童自己创作的作品,并没有定型,但你也能看到很多类型、方向、文本的雏形,他们在模仿,在创造,也在改变,更在颠覆。不难发现,在阅读,无论电子书还是纸质书阅读,越来越快地改变人们的同时,读同龄人的书,由自己写出一本书已然成为一种趋势,曾经的少年不再是那一群只知道玩滑板、打篮球的小孩,也不再是抱着芭比、沉浸于cosplay、穿着洛丽塔的少女,他们正在以成年人的视角和语感诉说和表达对这个世界的看法和诉求。就像赵蕴桦在《灼灼其华》中所说:"我的作家梦,是从阅读开始的,阅读更广泛,更深入,写作热情就持续高涨。我期盼每个周末和暑假的来临,那样我可以走更远的路,赏更美的风景,考察更深厚的人文底蕴。我的作品是我小学毕业的纪念,未来,我期待着成为真正的作家!"如果你想了解少年们在想什么,最好的办法也许就是看看他们写下了怎样的世界和对世界万物的看法。那些无法言说的都借助文字来喷薄,借由这个口子,架构了我们与他们之间的桥梁,希望真诚的心灵交流与沟通,从此变得容易。

世界本来就很美,我们想方设法带给这些御风的少年一个美好的世界,而在他们眼中,美好的世界可以由自己界定,由写作与这个世界建立最好的联系,由此在成长的道路上哺育出更美丽的生命之花,何其有幸!见字如你!

向所有看到这些文字的大人和孩子,致敬你们曾经以文字和写作创造的美好快乐的童年及世界!

海飞

2021 年 12 月

序：行走的精彩和力量

把孩子们带到广阔的天地里，用眼睛和心灵去凝视、去感受、去探究、去发现、去遐想，再用手中的笔去画、去写，由此诞生了一篇篇稚拙却精彩的作品，汇聚成孩子们的一本本小书，这是湖畔书院"童心画文"研学模式的美好成果。

湖畔书院的研学，起源于创院院长丁宁老师读书期间的第一份兼职职业——20世纪90年代的教育报编辑，从图文结合排版设计到"童心画文"教学研究，从省级课题立项到全国新课程改革课题获奖……自2008年创办湖畔书院，深入开展"童心画文"研学探索，又与青年女作家三三老师及几个志同道合的作家、画家们携手合作研究课题，从此真正开启"读万卷书·行万里路"的研学历程，将生活体验、自然观察、人文探究、诗词吟诵、文史导读、绘画创作、研学手记等多种研究性学习方式融合成一个独特的课程——"童心画文"文化研学。

湖畔书院的老师们带着一批又一批的孩子，一边开展主题文史导读，一边进行实地考察体验，一年又一年地行走在研学的路上，让孩子们用图画和文字记录一次次的所见、所闻、所言、所行、所思、所想，用心感受行走的精彩和力量，也曾带领孩子们追随《中国国家地理》杂志编辑们考察的脚步，绘制撰写当地风土人情。

孩子们的脚步，随着丰富而有趣的研学，变得越来越坚定有力，他们自如地穿行在上下五千年，漫步于大江南北，畅游在悠悠历史长河和广阔的天地之间。很多时候，他们像极了不知疲倦的"徐霞客"和"唐玄奘"，不论烈日炎炎，还是寒风呼啸，背着沉甸甸的资料，背着沉甸甸的画本，背着沉甸甸的食物和水，在大街小巷穿行，在人群洪流中穿行，在山林草木间穿行。他们在博物馆中耐心地求证一字一句，在荒山野岭细致地观察一草一木。他们目光如炬，对这个世界充满探索的欲望，充满记录的热情。难怪孩子们笑称：有一种游学创作，叫披星戴月。

孩子们的笔下，由此有了比同龄人更为丰富的阅历，有了比同龄人更为厚重的情感,有了比同龄人更为深邃的哲思。一次次出发,一次次行走,一幅幅图画,一篇篇文字,他们在阅读、行走和创作中拥有了不一样的成长经历。

他们并没有将眼光仅停留在科普、博物、美学、文学这些特定的知识领域,而是通过研学行走记录,在自我生命教育的历程中,完成童年美的库存。于行走中体悟现世,于自然中观照自我,以自然教育、人文探究的理念和方式,探索完善人格发展的道路,追求教育的永恒价值。

汤 汤

2022 年 1 月

目　录

旅人的驿站

千古悠悠乌篷船 ·················楼夏语　003

越王台思古 ·················楼夏语　006

在府山逢越王勾践 ·················孙紫睿　009

越女练兵 ·················朱铿谕　012

悲情西施 ·················陈婧萱　015

访书圣故宅戒珠讲寺 ·················孙紫睿　018

游书圣故里 ·················楼夏语　022

诗意沈园 ·················孙紫睿　026

陆游的孤鹤轩 ·················楼夏语　030

不堪幽梦太匆匆 ……………………………朱铿谕 033

水乡戏台 ……………………………………楼夏语 037

黄酒酿出好诗文 ……………………………楼夏语 040

徐文长的《渔妇图》 ………………………朱铿谕 043

从《芙蓉立鸭图》看徐渭 …………………陈婧萱 046

《花卉鱼蟹图》 ……………………………孙紫睿 049

绍兴的驿站 …………………………………朱铿谕 052

台门中的时光 ………………………………陈婧萱 055

闲话绍兴的酒器 ……………………………陈婧萱 058

臭豆腐与甜小攀 ……………………………孙紫睿 061

绍兴人的乌干菜 ……………………………陈婧萱 064

三味书屋 ……………………………………孙紫睿 067

小夜幕 ………………………………………楼夏语 070

小夜幕咖啡屋 ………………………………孙紫睿 073

时光的味道

杜鹃花儿正艳 ………………………………陈婧萱 079

杜鹃花语 ……………………………………周　悦 082

春分竖蛋 ……………………………………朱铿谕 085

春分到，蛋儿俏 ·················· 陈婧萱　088

凤仙染指，一夜深红透 ·········· 孙紫睿　091

六月荷花别样红 ·················· 楼夏语　094

荷 ······························· 孙紫睿　096

夏日小池 ························· 楼夏语　098

水中寻乐 ························· 楼夏语　101

花溪水趣 ························· 周　悦　104

游双瀑争潭 ······················ 孙紫睿　107

山中探瀑 ························· 楼夏语　109

戏泥鳅有感 ······················ 孙紫睿　111

植物染之美 ······················ 楼夏语　114

自然染 ··························· 孙紫睿　117

寻找薄叶润楠 ···················· 朱铿谕　119

诗经中的苤苢 ···················· 楼夏语　122

寻草记 ··························· 孙紫睿　125

通泉之草 ························· 孙紫睿　128

何首乌，首可乌 ·················· 楼夏语　131

姬女菀，一年蓬 ·················· 周　悦　134

锦衣夜行叶下珠 ·················· 朱铿谕　137

可爱的糯米团 ···················· 朱铿谕　140

花溪昆虫记 ·· 朱铿谕 143

说蘑菇 ·· 楼夏语 146

说　菇 ·· 孙紫睿 149

烂漫落苏 ·· 孙紫睿 152

野李涧边生 ·· 楼夏语 154

时光的味道 ·· 楼夏语 157

一碗绿豆汤，一份清凉 ······················· 楼夏语 160

冰　粉 ·· 孙紫睿 162

楚楚秋葵 ·· 孙紫睿 164

分裂的秋葵 ·· 朱铿谕 167

香榧志 ·· 孙紫睿 170

野猕猴桃 ·· 周　悦 173

炒一炒栗子 ·· 周　悦 176

银杏叶落 ·· 周　悦 179

蛩声满耳秋 ·· 孙紫睿 181

饼呀，饼 ·· 楼夏语 184

童年的回味 ·· 周　悦 187

神秘的云朵

宝葫芦 …………………………… 孙紫睿 193

神秘云朵 …………………………… 楼夏语 196

最后一根小喵冰棒 ………………… 朱铿谕 199

我的奶奶是女巫 …………………… 楼夏语 202

愿望拨浪鼓 ………………………… 周　悦 206

阿布的云朵蛋糕 …………………… 孙紫睿 209

乘着风儿去旅行 …………………… 朱铿谕 211

珍珠传奇 …………………………… 朱铿谕 215

树根逃亡记 ………………………… 周　悦 219

苍耳的一生 ………………………… 周　悦 222

恶魔之草 …………………………… 陈婧萱 225

目录

旅人的驿站

千古悠悠乌篷船

楼夏语

"轻舟八尺,低篷三扇,占断萍洲烟雨。"这是陆游在《鹊桥仙》中所提的。读着此词,乌篷船的模样依稀出现在眼前。

到了绍兴,似乎随处可见乌篷船的身影。越城中的河道纵横交错,显然,乌篷船成了水乡人们不可缺少的交通工具。虽因台风,我们没能坐成乌篷船,但我的脑海中却能浮现出那样的画面:我坐在乌篷船上,看着天空中的闲云,一团团掠过,听橹声咿咿呀呀,像越剧一样婉转柔美地唱开。船到之处,水波一圈圈荡漾,令人眼花缭乱。几条小鱼正在轻快地向上游滑去,它们像梭子似的灵活,一转眼便不见了。有时,它们又会追逐着船舷,好似在与船中的我们嬉戏。

雨点儿淅淅沥沥打在乌篷船上，一艘艘乌篷船静悄悄地靠岸停着。没有人坐船，船夫们无所事事，有一个头发已经花白的老头闲不住，自个儿驾着船，去水上撒网了。这些船夫，都是土生土长的绍兴人，一开口，浓浓的绍兴乡音便在水上响了开来。他们坐着乌篷船长大，坐着乌篷船看社戏、绍剧、越剧，他们摇着船去打鱼，互相聊天。他们都是些普通人，有的热情好客，有的则沉默寡言。他们不普通的是，将自己的一生都活在了船上，嵌入了水中。

乌篷船的历史十分久远。春秋越国时期的《越绝书》中就有记载最早的乌篷船："水行而山处，以船为车，以楫为马，往若飘风，去则难从……越之常性也。"这说明在两千多年前的春秋越国时期，就已经有乌篷船了。

近代的周家兄弟俩，周树人和周作人，都有对乌篷船的记录。鲁迅先生的童年时光中，少不了乌篷船，每次扫完墓，母亲便要带他去外祖母家住上几天，他总是乘着一只白篷的船，去赵庄看戏。坐着乌篷船到了台下，台上小旦们咿咿呀呀地唱。小鲁迅不喜爱这小旦咿咿呀呀地唱，他最愿意看的还是蛇精和套了黄布衣跳老虎。月儿渐渐升上浩瀚的天空，戏也快结束了。小小的鲁迅，乘着小小的船回家,他的倒影在水中摇晃着。

而周作人先生呢?他觉得乘着船行,是一件十分惬意的事。乌篷船一边行,乘客一边看窗外的景色,山、草、木,水面上的浮萍、红蓼,困倦时便拿出随笔来看,或冲一碗茶喝。

同是乘坐乌篷船,同是绍兴人的张岱大有不同,他的这艘"夜航船",带着他从绍兴出发,到杭州,到南京,到镇江,甚至还到过山东兖州,可算是"阅世无数,阅人无数"。正是这艘"夜航船",成就了古时第一部"百科全书";正是这艘"夜航船",让张岱在这乱世中,从一个纨绔子弟变成了一个漂泊天涯的人,彻底改变了张岱的人生。

据说,绍兴城的河道,直通京杭大运河。千百年来,这一摇一摇的乌篷船,曾记下了多少绍兴人丈量世界的足迹啊。

越王台思古

楼夏语

公元前496年，越王允常逝世，其子勾践继位。就在允常逝世那年，吴王阖闾带兵进攻越国，勾践派敢死队向吴军发起挑战，战士们排成三行，站在吴军面前，大喊着自杀身亡。吴兵还没弄清楚状况，就被越军偷袭，越军大败吴军，还射伤了吴王阖闾。阖闾临终时曾告诫儿子夫差："千万不能忘记越国。"于是，吴越之怨在两人的儿子身上再次展开。

勾践听说吴王夫差在日夜操练士兵，为了报越国杀父之仇。他十分生气，准备先发制人，在吴国未发兵前去攻打吴国。范蠡出面阻止，坚决不让越王勾践出兵。可勾践实在是太倔，根本听不进去，立刻举兵前去吴国。吴王夫差听到消息后,动员全国的精锐部队与越军交战,在夫椒大败越军,这就是著名的"夫椒之战"。夫椒之战后,勾践被捉回吴国做人质,完完全全当了吴王的奴隶。过了几年,范蠡买通了吴国的太宰嚭,勾践才得以回到了越国。

范蠡曾对勾践说:"今大王欲(立)国树都,并敌国之境,不处平易之都,据四达之地,将焉立霸王之业?"意思是大王若想要完成千秋大业,这都城自然是不能在深山之中,一旦被敌人包围,那就只能在山中等死,毫无办法了。其实早在勾践登基第一年,他就把都城迁到了平阳,平阳虽说算是个好地方,它西边有秦望山,东边有化山,两侧山峰宛若天然城墙,但平阳只是一个小盆地,还不算是都城的上佳之地。所以平阳作为越国都城仅一年时间,勾践便听从了范蠡的建议,又将都城迁到了会稽平原地区,这便是如今的绍兴城。而当时勾践在山阴小城里的"军事基地",就在府山。为什么偏偏选府山呢?这是因为勾践刚从吴国返回,需要迅速建一个基地,一是为了"养伤",二是为了尽快造一座足以抵抗吴军入侵的城堡。府山是绍兴九处孤丘中最高的一处。王征宇的《越是我故乡》中记载:"府山的山北麓陡峭,南麓缓倾,从西南到东北有足够的土地可以建造宫室,并从事垦种。这一带泉水充沛,水源充

足,还提供了丰富的燃料。"

今日游府山,细雨朦胧,我行至越王台石阶下,雨水打在梧桐叶上,顺着叶片流了下来,这几棵法国梧桐或许早已栽在这儿,它们见证了历史的风云变幻。在台阶的一侧,一口不起眼的小井里,一滴滴雨,毫无规律地落在井里,溅起了一滴滴水珠。如果时光暂停,将会在这水珠中,看见时光的倒影,或许是南宋王朝的腐败无能,或许是大唐盛世的国运昌盛……而它的尽头,正是越王勾践的卧薪尝胆。自从成了越国都城的核心堡垒,府山从此成了一个重要的地标,被载入了史册。

走上石阶,越王台拱门底下全是水,拱门两侧的一块块砖石,清晰可见。听说现在的越王台台基是宋朝建造的,我抚摸着拱门两边的石砖,一块块石砖,就像是一个个饱经风霜的老人,尽管已经青苔斑斑,可还是那么坚实、稳固。暗红色的大门紧闭着,给人一种不可言说的神秘感。退几步看,爬山虎已爬过了墙的一半,碧绿染遍了墙。雨水掠过匾,"越王台"三个字变得行云流水,泰然自若,这应该就是越王勾践该有的气度吧!

在府山逢越王勾践

孙紫睿

"今日花红柳绿地,当年刀光剑影处。"绍兴古城里有个著名的地方——越王台。

我撑着伞,冒着细雨,慕名而来。高大的砖墙上,爬满了爬山虎,地上生着青苔,在一片绿意的遮掩下,老旧的墙砖被雨水冲刷得斑斑驳驳。棕红的大门,颜色依旧靓丽。不知推开后,是否能再次回到那片越国大地?站在巨大的门前,我好像看见了那个风云变幻的年代。

勾践被释放回国后始终抚慰着士兵与百姓,并想以此找吴国报仇。勾践可以说是一个心狠手辣之人,会不惜一切代价复仇。在万般耻辱后,他怎么会不想一举拿下吴国呢?但是,心急终究是吃不了热豆腐的。勾践是个还算贤明的君主，身边有着文种、范蠡、逢同这些贤能的、"鞠躬尽瘁，死而后已"的大臣。逢同谏说："凶猛的大鸟袭击目标时，一定先隐藏起来。"现在吴军虽说已在天下名声显赫，却也得罪了不少国家，还危害到了周王室。敌人的敌人就是盟友，我们不如结交齐、楚、晋三国，厚待吴国，靠着三国的势力攻打吴国。勾践采取了他的建议。

而吴国那边呢，夫差想要讨伐齐国，伍子胥不愧是一位英明的大臣，多次劝说吴王先伐越国，吴王不听，出兵攻齐，竟然打了胜仗。再加上伯嚭三番五次诽谤子胥，令吴王动了杀心。子胥说，君王不听我的劝言，吴国三年后将成为废墟。

虽然伍子胥的预言还没有成真，但越国已经在悄悄崛起了。越国举国休养生息，养兵蓄锐，等着一举复仇。

又一个春日，吴王去会合诸侯，只留下了老弱病残的士兵和太子留守吴都，这一刻越国终于可以一雪前耻了！天时、地利、人和都具备了。勾践再次问范蠡可否进攻吴国，终于征得了范蠡的同意。在所有百姓的一致呼声中，越王出兵伐吴，果然吴军大败，连太子也被杀死了。吴使赶紧汇报给吴王，吴王碍于面子，怕天下人听到吴国惨败的消息，就暗自派人带着厚礼前去求和。越王想，自己无法一口气打败吴国，使吴国彻底灭亡，于是就与吴国讲和了。

　　然而越国已下定决心了，几年后越国又攻打吴国，此时吴国军民都疲惫不堪，越大败吴，把吴都围困了三年，吴军终于败了。越军将吴王困在姑苏山上，历史好像进入了轮回之中，一切都是那样的相似。公孙雄被派去求和，跪向越王求情，说夫差会对越王言听计从。勾践心软了，但是，这次范蠡发话了。跟随在越王身边多年，他怎会不知勾践的心意，此仇不报何时报？他说："会稽的事，是上天将越赐给吴国，吴国不要。现在上天又将吴赐给越，越为何不要？我们辛苦谋划伐吴已有二十二年了，难道您忘记会稽的苦难了吗？"最终，勾践没有像当年吴国放过越国一样放过吴王，夫差悔恨没有听信伍子胥的忠言，举剑自刎，蒙面而死。

　　平定吴国后，勾践北上中原，与齐晋会合，向周王室进献。周天子亲自下诏，赐胙，大家都前来庆贺，越王成了春秋五霸中最后一位霸主。

越女练兵

朱铿谕

春秋末年,越王勾践与吴国交战,越国惨败,勾践当了吴国奴隶。被释放后,勾践卧薪尝胆,发誓要报灭国之仇。如果水上开打,用船;陆地上行兵,就得乘车。可越军经夫椒之战后,将士损失惨重,战场上的排兵布阵、士兵的刀剑之法,竟找不到特别合适的人来指导。范蠡便奉命四处寻访能人。

夫差至死也不知道,他的失败和吴国的灭亡除了和一个绝色的越国女子有关以外,还因为另外一个刚强的越国女子。

范蠡往树林走去,忽然树林沙沙作响,好似一阵疾风飞过,一团白色在树林里中穿来穿去,范蠡瞬间警惕起来,拔刀而出,顷刻,动静全无。范蠡刚准备放下刀剑,一只白猿扑面而来。本以为范蠡能与白猿殊死一搏,那白猿比人高出一头,并不惧人,龇牙咧嘴地纵身跳向范蠡。说时迟,那时快,一声呵斥,一人健步如飞,手持宝刀,单手挥舞,一手背在身后,一手刺向白猿。不料,一眨眼工夫,白猿跑到树上,不见了。范蠡心中暗想:"好身法,他是何等人也?"突然,一把宝剑抵在范蠡背后,他连忙说道:"在下越王之宰相,前来寻找能统领军队之人,见你剑法高明,敢问贵姓?"那人一听,"嗖嗖"两下收回宝剑,问道:"你君王真的是越王吗?"范蠡一听这声音柔和动听,抬头一看,此乃女子也。范蠡万万没有想到,刚才在自己面前与白猿搏斗的竟是一位身穿青衣,眉清目秀,长发披于腰间的女子。由于此人武功实在是高,范蠡不敢多问,便回答道:"是。"这女子上下打量着范蠡,说:"刚才那猿猴是我豢的,不必害怕。"范蠡思索了一会儿,起身弯腰向女子作揖:"姑娘请见谅,多年来,我奉越王之命,一直在寻找武艺高强者,如今与你相遇,便是有缘,你能否与我回去辅佐越王。"只听女子朗声说道:"爹爹为国铸剑而亡,临终时嘱我要为国复仇,我便是练剑师处女。"

处女与范蠡来到越王面前,越王一瞥,是个二十不到的小丫头,刚想质问范蠡,范蠡就抢先说道:"君主,此人武艺超群，负责练兵再适合不过了。"越王稍加思索便同意了，他想：看你个毛丫头能做出什么名堂来。

处女来到军营中，士兵正在练武，处女看着他们叹了口气，摇了摇头："士兵们，集合！"一听到这声音，士兵疑惑地看了看她，接着便又各练各的，看来他们并没有把她放在眼里。处女不高兴了，她喊道："就以这儿为擂台，如果我打败了你们，你们就必须听从我的命令！"这句话倒是引起了所有士兵的注意："就你还要跟我们比？"

"估计你连七岁小孩都比不过。"

"哈哈哈……"周围传来一片不屑与嘲笑声。

一个满身肌肉的男子走到处女面前，半开玩笑地说："来，来，我陪你玩玩。"处女看准时机，一个箭步冲上去，来了个过肩摔，直接把那个来挑衅的士兵摔在地上，疼得站不起来，直叫"哎哟"。旁边的士兵们都看呆了，心想这女的怎么这么厉害啊。处女还没把所有士兵都打一遍，就让士兵们对她刮目相看了，自然也就听她的话了。

处女开始了魔鬼训练，早上五点起床，跑步、练剑、格斗，直到晚上十点才休息。虽然把士兵们折腾得疲惫不堪，但是军队的实力大增。越王靠着处女操练的强大军队，一举击败了吴国，回国后越王大喜，封处女为"越女"。

悲情西施

陈婧萱

公元前494年,吴越两国在夫椒交战,越军大败,勾践夫妇和范蠡被迫去吴国当了三年人质,为吴王当牛做马,活得连只狗都不如。回国之后,勾践卧薪尝胆,准备一雪前耻,灭掉吴国。

在诸暨苎萝山有一浣纱女名为西施,天生丽质,如仙女下凡。相传,她本是月宫中嫦娥仙子的掌上明珠,奉玉帝之令下凡拯救连年饱受战乱之苦的吴越百姓。西施长大后,有一次在河边浣纱时,俊俏的身影倒映在水面,水中的鱼儿看见了她的倒影,忘记了游,渐渐沉入水中,因而有了"沉鱼"之说。恰好当时范蠡受越王之令遍访国中选美,在苎萝山选中了西施、郑旦两位绝世少女,带回宫中,学歌舞礼仪,制华丽宫装,等时机成熟献给好色的吴王夫差。

夫差见了两位倾国倾城的美女,心醉魂飞,封西施为贵妃,郑旦为爱妃。看着两人倾城的美色,婀娜的身姿令人如痴如醉,神魂颠倒,他一改平日里的凶恶,带着西施游山玩水,甚至不惜在她面前当狗爬。西施因病,常手捧胸口,越发妩媚动人,压倒满宫嫔妃。臣子伍子胥曾多次劝谏夫差不要过于沉迷美色,可夫差不听,把更多的心思花在了西施身上,疏远朝中忠臣,渐渐失去了对勾践的戒备心,一步一步踏上了亡国之路。

西施深入吴宫,虽夫差对她万般宠爱,但她丝毫没有沉迷于花天酒地之中,她化恨为"爱",将自己的一腔热血扮成对吴王的含情脉脉。因为常与吴王交谈,西施也掌控了吴国的情况,私下绘制了姑苏山川地形图,将其制成白花,请施老医生带回越国,交给范蠡。范蠡立刻修改了计划,而这时的夫差正晕晕醉醉地看着西施穿木屐起舞,痴笑道:"西施之美,天下无与伦比,她完美无瑕,耀人眼目,摇人心旌,百炼钢化作了绕指柔,寡人俯首帖耳,甘为西施裙下之臣。"西施还劝夫差化干戈为玉帛,不计前嫌,善待越国,越国使者前来求助,说越国饥荒,西施在一旁万般柔情:"大王,越国的臣民就是吴国的臣民……"光是这一句话,就让吴王变了心,满脸宠溺地看着西施,答应帮助越国,给了越国万石粱谷。

公元前473年,越国经多年养精蓄锐,兵强马壮,水陆并进,大败吴国,吴国向勾践求和被拒,最终夫差自刎身亡。然而,越军占领吴国后,本是最大功臣之一的西施却遭到悲惨的结局,她被囚禁在馆娃宫,功臣变成了罪人。在无边的黑暗与愁苦之中,眼看着国仇已报,她却不能与城里城外越民们同欢,故乡难归。……后来,勾践夫人令武士将西施押至江边,装进皮袋,外绑一石,沉入江中。

有人把她描绘成用作美人计的香饵,有人把她说成是打进吴国的高级色情间谍,甚至有人把她说成同妲己一样的亡国祸水。可我不这么想,西施是一位真正的巾帼英雄,她用自己的美貌、机智、执着和那满腔的爱国之情,将自己最美好的青春献给了国家,帮助越国一雪前耻。想象西施忍痛在吴宫的十几个春秋里,明月当空,馆娃宫旁的身影更显出水芙蓉般妩媚,可她心中的愁苦又有谁知道?

越王勾践啊,你为何要如此对待这位立下大功、倾国倾城的小女子啊!

访书圣故宅戒珠讲寺

孙紫睿

古有一代书圣，无论书法或人品，都流芳千古，圣地之兰亭，在千百年后的今日，与《兰亭序》，共将这神奇化为不朽，代代相传。

若说这兰亭是成就王羲之成为冉冉升起的明星之处，那么他的故居便是他台下用功的见证。穿过一条古朴的老街，便能看见墨池。这个小池塘，相传是王羲之洗砚之处，因为每天练习书法，洗笔的次数也就多了，久而久之连池水都被墨染黑了，因而得名"墨池"。池后屋墙上，题了两个写意的大字——墨池。我多希望，蹲在这小池塘边，抚着池水，清洗毛笔，看着鲤鱼在池中畅游，飞跃，喝了墨的鲤鱼，说不定也同羲之一般，有着极大的书法造诣。当然这也曾是鹅池,王羲之在此养鹅、喂鹅。王羲之爱鹅,会稽山有个老太太养了一只鹅,叫声十分好听,王羲之想买却没去买,于是叫人驾车前去看鹅,老太太听闻王羲之要来,连忙把鹅杀了,做了一顿美餐等他。老太太出于好心,但这对爱鹅的王羲之来讲,实在难以接受,为此他惋惜了好几天。又有个道士也养了好鹅,王羲之非常喜欢,道士却说要让王羲之为它书写《道德经》,以经换鹅,王羲之满口答应,欣然写下经书换了鹅。

墨池后,便是书圣的故宅了,依山临街。王羲之有两大心头喜好,除了爱鹅,还有癖珠。王羲之为了让手指灵活有力,增加书写气势,随身带一颗晶莹剔透的明珠,时不时握在手中来回摩挲。古宅之所以名为戒珠寺,还得从一段历史往事开始讲起。

有一日,王羲之正在玩弄一颗珍爱的明珠,恰有一位老僧来造访,羲之将老僧请进书房,自己则将明珠放在桌上,起身去为老僧沏茶。这时,一只大白鹅,摇摇摆摆地迎着老僧叫,老僧见了也很高兴,不禁用手抚玩一番。老僧吃了茶,闲聊了一会儿就走了。老僧走后,王羲之想起了他的明珠,再去寻时,却发现明珠已不见了踪影,就怀疑是这位尘外之人欲心未净。僧人受了不白之冤,伤心过度,茶饭不思，最后自尽了。

没过几天，王羲之家中的一只大白鹅，突然病恹恹不吃不喝死了。家人感到奇怪，剖开鹅的肚肠，竟发现了那颗明珠，原来白鹅误食了明珠。王羲之心里明白，老僧死得冤枉，深感自己错怪了僧友，悔恨交织于内心。自此他戒绝了玩珠之癖，将住宅捐给了佛门用来修建寺庙，并亲笔题下"戒珠寺"，用来悼念僧人也告诫自己，对朋友应赤诚相待。

跨过一道门槛，步入寺中，只见正中位置上塑了王羲之像，他头戴纶巾，身穿朝服，脸色白净，捋着长须。旁边塑着两个书童，一个手捧飞狐笔，一个怀抱一只大白鹅。左侧为西方广目天王与北方多闻天王，右侧为东方持国天王和南方增长天王，他们个个都头戴金冠光映映，身披金甲亮堂堂。后方则是坐镇山门之神。

出了第一进寺，吹来拂面清风，这里有个巨大的天井，种植着荷花和树，抬头能望见成片白云飘在空中。向前走去，到了第二进寺。寺前有一小香炉，跨进寺中，首先看见了如来佛祖，左右两侧为十八罗汉，后面则是另一武神，他们全身金光闪闪。寺里的僧人们倒挺悠闲，身着橙黄袍子，圆润润的。

坐在老宅的门槛上,看着不再是书圣故宅的戒珠讲寺,我仿佛看见在寺庙间诚挚拜佛的书圣——王羲之。

游书圣故里

楼夏语

　　穿过一条条小巷，左拐右拐，终于在路的尽头，两个铜人出现了，他们一个文质彬彬，头上戴着顶书生帽，留着一撮胡须，左手持一金笔，右手拿着一个长柄扇，一看就像是学识渊博的模样。一旁站着的老婆婆，弯着腰，长发整齐地盘在脑后。她脸色苍白，手中挎着一个竹篮，篮中放着十几把六角竹扇。走近一看，这竟是题扇桥。王羲之是东晋著名的书法家，许多人以能得到王羲之的字为莫大的荣耀，所以民间也传出了许多趣事，其中就有一则为"题扇赠老姥"。

　　《晋书》中记载："又尝在蕺山见一老姥，持六角竹扇卖之，羲之书其扇各为五字，姥初有愠色。因谓姥曰：'但言王右军书,以求百钱邪。'姥如其言,人竞买之。"因王羲之题扇之处在一座石拱桥旁,故此桥被称为"题扇桥"。

　　沿着石板路一路走去,两旁都是一些古老的住宅,门外挂晒着的衣物在风中摇曳,几辆深蓝色的黄包车从我面前颠簸而过,到了尽头时踩一急刹,便下车开始为乘客们讲述墨池的故事。我跟着黄包车一路走到墨池边,另一面的墙上只残留了一些深色墙砖的印迹,"墨池"两个黑色大字刻在墙砖之上。池中几排金丝荷叶,密密麻麻地把那些小浮萍和银灰色的小鱼包围在其中,圈外两股水不断地涌了上来,小小的泡泡浮在水面,几条金鱼在水中自由地游动。这曾是王羲之洗笔的池塘呢!他之所以能成为书法大家,一来是天赋其才,二来是勤奋练习。

　　墨池旁边还坐落着一座金黄色的寺庙,两旁各立着一个石狮子,它们的鬃毛如同天上的祥云,一双眼睛炯炯有神,左边这只脚底下踩着一只小狮子,而右边这只踩了一个绣球,它们应该是这寺庙的守护者。以前,这里曾是王羲之的故居,后来为什么成了一座寺庙,还有一段故事呢。王羲之不仅爱鹅,也爱珠。他常在手中滚着珠子,是为了让自己的手更有力量,写出来的字更好。一次,他正在看鹅嬉戏,手中握着一颗他最喜爱的明珠。这时,一位老僧找上门来,这人可是王羲之的老朋友,王羲之随手将明珠一放,就赶紧去见他。不一会儿,又有一位老僧求见王羲之,王羲之便又去找了这位僧人。但等他回去后,却发现自己的明珠不见了,便以为是之前来的老僧偷走了。老僧得知后,也没有去反驳,而是自己每天闷闷不乐,最后含冤而死了。后来,王羲之才知道那颗明珠是白鹅吃的,十分伤心,从此就下定决心不玩珠子,还将他的房舍都改成了寺庙。于是,这座寺庙就成了戒珠讲寺。

经过一墙爬山虎,我到了临鹅池旁。这里绿树成荫。走上石桥,左边是细长的池水流过,右边则是风卷芭蕉,岸上的草木都发出了"沙沙"的响声。风声、树叶声一过,又是一片蝉鸣,一旁的柳树下,王羲之正站在桌后,教儿子写字,他一只手按住纸,一只手拿起笔,那孩子便立在桌旁,脚下还踩着一块石头。风又刮了起来,池面上漂满了水藻,隐约还有一些浮萍混在其中,池水已经被盖住了,而且丝毫不留缝。一艘乌篷船在水面上漂荡,风一吹,它便左右摆了起来,透过那一丝空隙,我似乎看见了池水,可旋即又消失不见。这艘乌篷船,不像是用来坐人的,倒只适合用来观赏,那一汪绿中点缀上一抹黑,也多了分乐趣。抬头一看,池的对岸似乎是一座山,上面有几点红若隐若现,有些像是"鹅"字,再一看倒又不太像了。

书圣故里,处处可见书圣王羲之的遗迹。

诗意沈园

孙紫睿

诗,是情感的释放。无论豪情壮志,抑或是浪漫的爱情,都能融情于诗中。人尽皆知,骆宾王七岁便能作一首《咏鹅》传为千古绝唱,却很少有人知道,陆游也是少年早成,十二岁就能写诗作文,且文笔极好。作为一名诗人,他热爱祖国,怀着满腔热血,书写了一首首动人心弦的诗词。

步入沈园,从门口便能看见那块高大的太湖石,石上题写着"诗境"两个翠色大字,选自陆游的手记。陆游一生活到了八十五岁,诗人是他最出名的职业。他所有的诗加起来比李白、杜甫的诗还要多上三分之一。"诗境石"左侧有一条诗的长廊,写的全是关于沈园的诗。一首《春游沈园》,不仅讲出了沈园之美,更道出了陆游与唐琬凄美的爱情悲剧:"小径花飞土带香,草亭无语立斜阳。鸟寻幽梦穿林遍,柳写春情蘸水长。恍惚书生非醉酒,缠绵诗句尚留墙。沈家园里红酥手,牵尽人间九曲肠。"

沿长廊而行直通问梅槛。为什么叫作"问梅槛"呢?这又是从陆游一阙词《卜算子·咏梅》中选取的:"驿外断桥边,寂寞开无主。已是黄昏独自愁,更著风和雨。 无意苦争春,一任群芳妒。零落成泥碾作尘,只有香如故。"在这首词中,梅即是陆游,陆游即是梅,都一样孤标傲世,一样不畏严寒,一样宁为玉碎不为瓦全。

问梅槛两边开着田田荷花,有凉风拂过之时,便微微抖动,这荷花出淤泥而不染、高洁的品性,不是正与陆游洁身自好的品质相符吗?

行过一条小路,八咏楼边的假山吸引了许多人观赏,从一个洞口中涌出清澈的水流,一直流至宋池塘,里面种满了无瑕的白荷,偶然还有几只野鸭在花与叶之间嬉戏,不时搔搔痒,此情此景充满了诗情画意。

假山上有一条路,直达闲云亭。听过一个词:闲云孤鹤。但闲云亭这个名字并不源于此,而是同样来自陆游的诗《新筑山亭戏作》:"危槛凌风出半空,怪奇造化欲无功。天垂缭白萦青外,人在纷红骇绿中。日月匆匆双转毂,古今杳杳一飞鸿。酒酣独卧林间石,未许尘寰识此翁。"

其中两句"天垂缭白萦青外,人在纷红骇绿中"作为对联被书于亭柱上。这倒让我颇为不解,此上联固然有闲云之境,但下联"纷红骇绿"之中的人,又怎得一个"闲"字呢?

从闲云亭上下来,沿石板路向前走,便来到孤鹤轩了。晚年的陆游虽然过上了如闲云一般自在的生活,可在事业上却报国无门,实在令他孤愤难平。他屡遭贬谪,如此坎坷,不禁发出犹如孤鹤一般的哀鸣,并以此自喻。孤鹤轩的木柱子上刻着一副长联:"宫墙柳一片柔情付与东风飞白絮,六曲栏几多绮思频抛细雨送黄昏。"这正是陆游官场失意、情场失落的生动写照。

孤鹤轩对面,就是古今扬名的钗头凤碑,陆游与唐琬从小青梅竹马,尤为般配,两人为表兄妹,两情相悦。却不曾料到,两人的情深意浓会让陆母觉得唐琬毁了自家儿子的前程,强令陆游休了唐琬,断绝了两人来往。

在事业上不顺的陆游,如今爱情也不顺利了,有情人被迫分离,两人都心灰意冷,娶的娶,嫁的嫁。或许是上天将这一切都看在眼里,数年后又为他们安排在沈园相遇。再相见,两人都泪满衣襟,但又悄悄拭去,强颜欢笑,彬彬有礼地问好。赵士诚一直以来对唐琬爱护有加,他心明眼亮,怎能不知唐琬心意。他悄悄退在一边,让陆游和唐琬有把酒诉衷肠的机会。事后陆游在沈园壁上题下了一首《钗头凤》:"红酥手,黄縢酒,满城春色宫墙柳。东风恶,欢情薄。一杯愁绪,几年离索。错,错,错。 春如旧,人空瘦,泪痕红浥鲛绡透。桃花落,闲池阁。山盟虽在,锦书难托,莫,莫,莫。"唐琬故地重游,见此词,伤心欲绝,又和了一首《钗头凤》:"世情薄,人情恶,雨送黄昏花易落。晓风干,泪痕残,欲笺心事,独语斜阑。难,难,难。 人成各,今非昨。病魂常似秋千索。角声寒,夜阑珊,怕人寻问,咽泪装欢。瞒,瞒,瞒。"这两首《钗头凤》,写尽了离别之恨,情之深,情之殇,由此成为沈园中的千古绝唱。沈园能够得以载入史册,就是这个原因。

陆游的孤鹤轩

楼夏语

陆游一生都在起起落落中度过的,直到最后几年,才算真正安定下来。

陆游出生在船上,那天是父亲陆宰进京的日子,路上遭遇了暴风雨,使船不得不靠岸停了下来。这时,陆游出生了,他的哭声响彻了整个水面,上天似乎也被吓了一跳,竟停止了"手中的活儿",天放晴了,或许这正是老天的暗示,暗示他一生的不凡。陆游的整个童年都是在逃难中度过的,这样的童年使得他始终拥有一种炽热的救国情怀。

陆游很有才,他十二岁便文武双全,皇帝也很重视他,但好景不长,当宋高宗把都城定居临安后,陆游便上书对宋高宗提议亲征北伐。就为了这事,陆游甚至还"泪溅龙床请北征"。这大胆的陆游意志坚定,为了让皇帝同意此事,一把鼻涕一把泪地跑到皇帝的龙床旁。最过分的是他甚至还把泪挥洒到了龙床上,这让宋高宗龙颜大怒,一气之下把陆游罢了官。之后的事接二连三地让陆游走出了朝廷。自陆游从军南郑后,又开始远离朝政,退居山阴,开始了自己的闲居生活。

陆游回到老家山阴后,来到了沈园,他这次来沈园,不仅仅是为了怀念以前和唐琬的幸福生活。不知不觉,他走到了孤鹤轩,望着眼前的荷塘,他想到了自己那不得志的生涯,想到了自己与唐琬那凄凉的结局。他倚靠着栏杆,对天长叹,发出了像孤鹤一样的哀号。政治和情感的双重失意,令他不禁流下了眼泪,他的神情是多么的绝望,他是多么懊悔,懊悔自己的无能,痛心皇帝的懦弱,无奈同僚的麻木。一阵狂风呼啸而过,随即,阵雨从天而降,一滴滴,落在水面,落在孤鹤轩的屋顶上,天地之间,铿锵作响,陆游长叹一声,继续陷入沉思,他多么希望这是战场上的金戈铁马之声啊!

今日游沈园,我可算一睹了孤鹤轩的真容。早上来时,这里空无一人,我缓缓地走到此处,抬头一望,一张大匾挂在屋檐下,匾上"孤鹤轩"三个大字气宇轩昂,十分气派。踏入亭中，根根柱子好似顶天立地的壮士，托举着屋顶，屋顶上的木雕可谓是鬼斧神工，精美又不失庄重。这轩四面环绕栏杆，形成一圈美人靠，供游人坐着歇歇脚。我走上前去，倚在栏杆旁，池中荷叶静静地立着，荷花优雅地开着，四周鸦雀无声，我似乎体会到了陆游的苦楚。"宫墙柳一片柔情付与东风飞白絮，六曲栏几多绮思频抛细雨送黄昏"这副对联，正是对陆游心境的最好诠释。

孤鹤轩，诉说的不仅是一位臣子对国家的失望，一腔热血无法沸腾，还诉说了一个丈夫对妻子的思念，一个孤独的灵魂无处安放。

不堪幽梦太匆匆

朱铿谕

唐人的诗，宋人的词。你是宋人，诗词俱佳。但历史在你的大名之前填上的形容词是——南宋著名爱国诗人。

你当然爱国，但你也深深爱着一个女子。

那一日，回到家乡绍兴，再次登上寺庙。夕阳西下，晚霞照耀在身上，泛着红光，寺庙的城墙如血，仿佛也在神伤。你心如刀绞般疼痛，沈园不再是以前的沈园了，那园里每一朵花，每一片草对于你来说是再熟悉不过了。你知道哪棵树上结果，你知道池边桥的名称，你也知道前妻唐婉无法回来了。看着那桥上倾国倾城的身影，白皙的肌肤，红扑扑的脸颊，只是眼神低落，看不到一丝喜悦。她忽然转过头去，那神情分明在说，我与你再也不能相见了，注

定不能在一起了。年少时期,你博学多才,与唐琬结识,文静灵秀的唐琬不善言语却善解人意,两人情意十分相投。不幸,家中有一位威严的母亲,一心希望你考上状元,母亲埋怨唐琬将你锁在了温柔乡里,失了斗志,她跑到一个尼姑那里占卦,怎料到尼姑说唐琬没有旺夫命。母亲下了狠心,你无奈与唐琬被迫分离,从此各奔东西。

城上斜阳画角哀,沈园非复旧池台。

伤心桥下春波绿,曾是惊鸿照影来。

你是陆游,那个形单影只、伤心悲绝的陆游。

春天,在沈园的孤鹤轩中,陆游与唐琬吟诗作对,互相唱和。

"飞流直下三千尺,疑是银河落九天。琬儿,你看,多美啊!那源源不断的泉水像不像从高山上流淌下来的?"陆游说道。

唐琬点头应和:"是啊!是啊!不过我觉得园里的美景还有那些花花草草都很美,毕竟万物都有它美的地方嘛!"

夏天,太阳火辣辣的,池边开出了一朵又一朵的白莲花与红莲花。"你看池子里的荷花,出水芙蓉所言不虚哪!"唐琬惊喜万分。

的确,在葫芦池中,左边的为红莲花,它们粉里透红,好似唐琬粉嫩的脸蛋。右边为白莲花,茎络分明,出淤泥而不染,濯清涟而不妖。池中还有两只鸳鸯,它们相映成趣,互相梳毛,给对方捕鱼,就好似陆游与唐琬,成双成对。

秋天,落英缤纷,如蝴蝶般翩翩起舞,两人在花丛中你追我赶,很是欢喜。

冬天,梅花盛开,陆游折下一枝戴在琬儿头上,那红的让人惊叹,配上唐琬的美貌,简直如仙女下凡。陆游也被惊到了,他从来没注意到唐琬原比想象中要美得多,扑闪的大眼睛,樱桃似的小嘴,粉红的衣裳,美得不能再美。

城南小陌又逢春,只见梅花不见人。

这一切终究成了一场梦。陆游把全部的爱情都给了唐琬,唐琬走后,他对爱情的梦想也跟着破灭了,对现实中的爱情,他已经不再抱有任何希望,他太想念唐琬了!陆游徘徊在沈园,徘徊在与她最后在一起的时光中。沈园成了陆游后半生唯一的寄托。

時光的味道

　　也信美人终作土，不堪幽梦太匆匆。

　　一个望穿秋水，一个肝肠寸断。他们用尽了月老手中的红丝线，也终究成全不了这举案齐眉。

水乡戏台

楼夏语

雨缓缓下着。远处的岸上,戏班子已经准备好开演了,从四面八方驶来的乌篷船,载满了不同村庄赶来看戏的人们。他们各自撑着油纸伞,带上自己喜爱的零食:茴香豆、腌萝卜、卤花生……先到的人们都已抢到了最佳的位置。渐渐地,离戏开场的时间越来越近,戏台边的乌篷船也越来越多,从台上看过去,台下的乌篷船仿佛占据了整个河面。天,彻底黑了,戏也开始了,悠扬婉转的唱腔此起彼伏,大家越看越起劲,看得入迷了,甚至忘记了吃些自带的零食。一场已毕,大家才依依不舍地让船夫掉转船头,各自回家去。人群渐渐散了,几分钟前还无比热闹的戏台,一下子空空荡荡,安静了下来。

绍兴的水上戏台，成了人们最美好的记忆。

以前的大户人家中，必会有个戏台。当然，看戏最重要的，应该是选位置。一曲好戏，怎样才听得好，得看你选的位置好坏与否。清代曹雪芹先生的《红楼梦》中，贾家养了好大一群戏子，这些人可都是经过精挑细选选出来的。贾母便是一个听戏的高手。一次，家人们商量着要让戏班子演戏，贾母便开口了："就铺排在藕香榭的水亭子上，借着水音更好听。回来咱们就在缀锦阁下吃酒，又宽阔，又听得近。"隔水听戏，声波推动着水波向外荡漾，一圈圈扩大，一圈圈震动着看戏人的耳膜，袅袅娜娜如水汽一般在水面上空盘旋，所谓"绕梁三日"，便是如此吧。

此时，我就在戏台子的对岸，虽说台上无人唱戏，可我还是感受到了在乌篷船中，在对岸亭中看戏的感受，那种近距离看戏的感觉，我还真是第一次领略。

我虽没有真正感受过绍剧、越剧，但我曾在视频中看到过绍兴小百花表演的《梁祝》。我想，如果当时是在这个戏台上唱的，会不会给人另外的感受呢？我闭上眼睛，努力想象那幅画面：他们在祝家又相见的时候，梁山伯怀着无比悲愤与绝望的心，唱出了那种激越的深情；梁山伯的声音与水涌动的声音混在一起，空气中弥漫着每一字每一句的回声，像是顷刻雨点打在水面上泛起的层层涟漪，一环撞一环，直到撞进我的心里。

曲终人散，最后乌篷船上的那盏灯在黑暗中点亮，将每个人的思绪从悲伤中强拉了回来，大多数人还沉浸在《梁祝》悲惨的爱情中，无法自拔；而另一些人，迅速调整好自己的状态，重新转身，回到自己的戏中。当每个人的戏同时开演，就如无数烟火在黑暗中绽放。然而这曲戏，只有自己才能听见、看见。一曲终了，一个人的一生也就此结束了。

水乡戏台，是属于每个水乡人最初的记忆。无论是悲伤，还是欢喜，每一曲戏，都在他的人生宝典上留下了一笔……

黄酒酿出好诗文

楼夏语

晚清时期，浙江会稽出了个大名人，他并不是有着很高官职的人，可他是名满天下的大学者，他对绍兴酒情有独钟。

他叫李慈铭，浙江会稽人。他出身于书香门第，幼时便博览群书，直到去世前几天，才把笔放下，停下写作的步伐。他这么有才，却到五十岁才考上进士，正是这个原因，他常常借酒消愁，喝个酩酊大醉，这应该是每个落榜生得知消息后的第一想法吧。

李慈铭几十年不停笔的创作期间，也有不少对酒的吟咏。

古时的阮籍，十分嗜酒，他一醉可醉六十天，而李慈铭嗜酒，也可以与阮籍相比。他曾与三五好友一同"遍饮村店，无日不醉"长达一个多月。

李慈铭嗜酒，当然写过不少关于"酒"的诗词。现任绍兴黄酒集团董事长傅建伟，曾写过关于李慈铭与东浦酒的文章，里面就有许多关于李慈铭的诗词。"1868年春，他与友人游兰亭，正值山阴县令刚对流觞亭、右军祠进行修缮，风雅至极，景物触人，于是他纵情唱酬：'载酒来寻兰上里，依然胜赏属山池。'1855年，正月十四，上元前夜，他与友人从东浦月夜泛舟归大树港，此处水阔岸长，湖平如镜，明月在天，四野寂然，众人欣然而歌，开怀欢饮。他唱道：'春初访容东浦乡，东浦十里闻酒香。醉披风帽出门去，夜夜此地飞千觞。'"看到这儿，我脑海中也浮现出了一幅画面：上元前夜，京中大街小巷灯火辉煌，一条窄巷，黑暗中掠过了几个黑影，这是李慈铭和他的好友们。几分钟前，他们在李家召开了一个"秘密会议"，决定立刻动身，连夜赶往大树港，回到故乡，重品故乡黄酒。说干就干，他们循着记忆走到了码头，顺便上了一艘乌篷船，拼命给船夫塞银两，催促他以最快速度前行，那船夫似乎被这群热情的客人吓着了，静静地立着，站了有几分钟，才回过神来，喊了一声："好嘞！保管让您满意！"说完，就迅速坐定，划起船来。到

黄酒酿出好诗文

了岸边，李慈铭与友人们便飞奔下了船，震得船都摇晃了，他们甚至都还来不及回家探亲，便寻了一石桌，拿出各自带来的酒，又寻了另一家全村最好的绍兴黄酒，再买了些许壶，痛饮起来。月光照在石桌上，默默地看着几人烂醉的姿态。

陆游、徐渭，这些绍兴人也都是极其喜爱绍兴黄酒的。只有真正的好酒之人，才能写出那样好的酒诗吧。或许是这酒的魅力太大，直到近代，还是吸引了无数人的喜爱，鲁迅先生、蔡元培先生、朱自清先生都爱喝绍兴黄酒。

绍兴黄酒，有着千年的历史，享有无比崇高的地位。它用香醇甜美的味道，滋润了一代又一代的绍兴人。也许，正是这酒，酿出了绍兴如此多的好书好画好诗好文。

徐文长的《渔妇图》

朱铿谕

　　说起徐文长，就如回望南宋末年发出的那一声感叹。

　　徐渭，字文长。徐文长自幼聪慧，被世人认为"神童"，可时运不济，父亲早死，母亲被赶出家门。他跟随嫡母生活，嫡母死后，与兄长一起。兄长跟他相差三十岁，无话可谈，感情自然也不好。婚后，家产被人夺走，从此穷困潦倒。科举又九次未中。

　　但书法、绘画、作诗，徐文长样样精通，他自认为排在第三位的绘画作品，至今被世人称赞。徐文长画的人物画存留下来的为数不多，但个个栩栩如生，传神至极。

　　这幅《渔妇图》，寥寥几笔，便把一位渔妇画得活灵活现。渔妇拿竹篮的手，宽大的衣裳，高高盘起的头发，徐渭全都表现出来了。徐渭以极淡的笔墨勾勒出衣袍的轮廓，用粗细不一的线条画出衣袖的褶皱，仿佛是他在喝酒抒情后的率性之作。笔画不多，画得也不大，但用笔老练，具有诗一般的韵律，使人忍不住想要跟随他的线条律动。

看着那盘起的头发被徐渭一笔带过，却仿佛看到一根根头发丝在空中飞扬。若隐若现的表情恰好能让人浮想联翩。对于这幅简洁的图画，大家有着不同的看法。

炎炎夏日，渔妇挥汗如雨，走在鱼米之乡，时不时跟街坊邻居打声招呼。她乘着小船，来到离陆地不远的海域，把网一撒，扔上少许鱼食，没过多久，把渔网一收，鱼就全跑到网里来了，那些鱼儿全被装到竹篮里。她兴高采烈地回家了，准备为儿女做一顿丰盛的晚餐。

还有人认为这幅画的意思是喧闹的集市上人流如潮，有的人走得急急忙忙，似乎有着更重要的事情；有的人笑容满面，东瞧瞧，西看看，在寻找新鲜事物；有的人陪着儿女，在古玩店左顾右盼。而那位渔妇拿着竹篮，来到卖鱼的商贩面前，买了少许今天刚捕上来的鱼。鱼乌黑发亮，可以想象之前鱼被捕上来的场景。或许是因为年岁夺走了青春时的样貌，渔妇两手握篮，身体微微向前倾斜，走得非常缓慢。

《渔妇图》就像一本经典的书，能给不同的人带去不同的思考。

从《芙蓉立鸭图》看徐渭

陈婧萱

漫步于徐渭书画展内,一张张走笔如飞、泼墨淋漓的书画无不展示着徐渭猖傲豪放的个性。就在展厅的一角,一幅《芙蓉立鸭图》引起了我的注意。

与他平时狂放的作品不同,《芙蓉立鸭图》在豪放中增加了细腻,在猖傲中增添了平和。画中一只鸭子引颈直立,蹼下有青苔点点,头顶浓密的树叶中,横出一株芙蓉,几朵含苞待放的花骨朵儿,为画面增添了不少灵动活泼。更传神的是后颈和翅膀,徐渭巧用枯笔让鸭毛更加蓬松。

徐渭是一个不得志的才子,他生性悲苦,看清了世间的冷暖,百日丧父,十岁时生母也被逐出了家门,悲惨的童年导致了他孤芳自赏、郁郁寡欢的个性。在徐渭的人生中，有伯乐，有知己，但他们都匆匆离去。"半生落魄已成翁"，晚年的徐渭，正如他画中的那只孤独的鸭子一般，找不到人生的意义，被家人、朋友忘记。在山间的破房子里，望着窗外一望无际的江水，等待着知音的到来，窗外一片萧瑟，只有一朵芙蓉开得正艳，秋风吹得大地仿佛要裂开一道口子，一只老鸭站在江边……徐渭看到这里，不禁长叹一声，挥动大笔用力地在墨缸蘸了蘸，摊开一张巨大的卷轴，手一挥，在纸上画下了第一笔。笔尖在纸上摩擦，时而细，时而粗，变化多端。粗时如那大片大片的树叶，形象地展示了徐渭豪放的特点；细时如那些将开未开的花骨朵儿，灵动活泼还有若隐若现的树枝和叶脉，浓淡得宜，颇富生趣。一朵朵藏在枝叶间盛大而艳丽的芙蓉花，虽开在晚秋，但它依然怒放着，从不放弃一丝希望。当然，它也仿佛是高尚纯洁的雅士，无一人欣赏自己的美丽，正如这位怪才徐渭一般。"千林扫作一番黄，只有芙蓉独自芳"，芙蓉的生命只有一天，如流星一般，在秋风吹走最后一片树叶时昙花一现，留下千古的芳华，能有幸见到芙蓉怒放的徐渭也许想到了自己，他曾是抗倭名士，他出谋划策助胡宗宪擒徐海，诱王直。这段时光，可谓是徐渭的"黄金时期"。可如今的他，也如这芙蓉花一般，在怒放后，便渐渐被人遗忘，直到"化作春泥更护花"，才被新一代记起。鸭、花，细细想来才发觉，也许，这不仅仅是徐渭所描写的窗外的小景，更是徐渭悲惨的一生。想到这里，我脑海中的画面更加真实了：一位年过花甲的老人独自站在江边，风吹起凌乱的头发，老人将双手背在身后，遥望远方，远处，除了蔚蓝的海水，蔚蓝的天，什么也没有……

大家都说徐渭是个怀才不遇的怪才，九次科举都未考上，命运导致了他孤芳自赏的个性，但也正是这份个性，成就了这个独一无二的徐渭。

徐渭的结局很悲惨，一个人死在了破房子里，身边连张草席也没有。徐渭，一位怪才，怀才不遇的怪才。

《花卉鱼蟹图》

孙紫睿

五百年的时光如流水一般逝去了,徐渭用狂放之笔画下的一幅《花卉鱼蟹图》,仍意趣盎然。

一、勾竹牡丹似二乔

"画也昨日题今朝,酒杯虽冷墨犹朝。湘娥总有凌波色,姊妹江东数二乔。"牡丹美丽,受众人青睐。徐渭本才华横溢,应当像这牡丹,却屡不中第。水墨肆意铺开在纯白的宣纸上,一点一线,一淡一浓,淋漓尽致。线条粗细相宜,墨石一边,牡丹热情地绽放,花瓣叶子爬在石上自由生长,竹子则笔直挺着。纤长的竹叶,仅用寥寥数笔便勾画出模样,今日题下昨日画,酒杯已冷,墨尚且未干,有些潮

湿。江东二乔,就似这竹与菊,倾城之佳人,如花如玉,国色天香。"大醉勾竹两牡丹,次日始得题。"趁这酒醉之际挥笔而下的一汪墨,竟如此令人回味。

二、黄花过一秋

"采菊东篱下,悠然见南山。"菊为花中隐士,饱经风霜,有着顽强的生命力,从来都是高风亮节。陶渊明便最爱菊花,菊花清丽而雅致,不少文人墨客诗咏菊花,也有不少画家画过菊花。徐渭画这黄花,两笔便成一瓣,一朵菊仅有七八瓣,有的已残缺不全了,有的被叶子遮去了。"东篱蝴蝶闲来往,看写黄花过一秋。"秋日的菊花黄的耀眼,白的贞洁。蝴蝶飞来又去,赏着它们的美。只可惜百花凋零,它终究觉得有些孤独有些寂寞了。

三、雪色玉骚头

有一种花,冰清玉洁,清新脱俗,它的名字同样动人——玉簪。浓淡交替的大片叶丛中,一支玉簪直蹿到了画的顶端,玉簪只三两朵,却是六片尖尖雪色流。线条凝练传神,几笔便勾出一片硕大的叶子,连叶脉也清晰可见,叶子有用浓墨挥笔泼成的,也有线条直接构成的黑白相间,疏密有致。玉簪的葱茏,可见一斑。

四、五寸珊瑚珠

粗糙的树枝看上去已无多少生命力了,但是却奇迹般发出了芽,生出了新叶,长出了拳头般大小的石榴,大概已经成熟了,"五寸珊瑚珠一囊"。石榴果肉好像颗颗指甲大小的珊瑚色珍珠,被包裹在一块,令人垂涎。

五、浸水梅花

"梅花浸水处,无影但涵痕。虽能避雪偃,恐未免鱼吞。"一棵生长在水边的梅树,把枝条垂进了水中。树梢又从水里翘起,梅花一朵一朵,悄悄开着,有几朵还落进了水中。树上的疙瘩,也被徐渭一笔一画画了下来。浅灰色的水波,看起来好似正在荡漾,用一只巨大的毛笔将墨色与水结合,一笔画下树的曲折、树的颜色,连留白都是那样自然。每一根树枝,都是独一无二的。有的看上去柔软,有些弯曲,有的则笔直。每一折,都尤为果断,徐渭一生孤芳自赏,除了胡宗宪赏识他,没有人重用过他。几次考试都未能中举。他就似这梅花,一身傲骨,独自散发幽芳。

绍兴的驿站

朱铿谕

"你说,这次科考会不会很难啊?"一名书生问道。"应
该会吧? 听说这次出题的是历年来最厉害的考官。"坐在
他旁边的书生,喝了口茶,抿了抿嘴。他们旁边,还有一位
书生,他没有加入其他书生的聊天,自顾自地在那里读书。

再过几月,就是科考的日子,每个地方都有许许多多
的书生起早赶路,他们怀揣着梦想,希望能金榜题名。

一晃数月过去了,会稽的一家驿站里,聚集了来自不
同地方的考生。到了晚饭的时候,驿站的一楼更热闹了,
大家都在谈论着过几天考试的事情。

"过几日就要开考了,要不今晚,我们先来切磋切磋,
可否?"一名书生或许喝了点酒,满脸通红,他高昂着头,一

只脚踩在板凳上,你还别说他,在座的也有不少人赞成呢!

"我们来玩飞花令吧! 简单一点,就飞'花'。我先来,'桃花潭水深千尺,不及汪伦送我情!'。"一位书生拿着圣贤之书,非常迅速地说出了一句诗。

话音刚落,另一位书生摇头晃脑地吟道:"五花马,千金裘,呼儿将出换美酒。"在场的书生都喝彩。

过了一会儿,一位低头沉思的书生开口了:"借问酒家何处有,牧童遥指杏花村。"

没过多久,大家都吟出了诗。欢声笑语回荡在驿站,轻松的氛围感染了每个人,或许他们在此之前互不相识,又或许大家还紧张地为几日后的考试而担心,但此刻,快乐充满了整个驿站。

夜已深,亥时一刻,许多书生早已躺在床上,有的辗转难眠,既紧张又兴奋,在想:万一考不上怎么办?题目会不会非常非常的难啊?有的信心十足,早已进入梦乡,多年寒窗苦读要是不能进士及第,岂不是对不起自己立下的豪言壮语! 所以一定要考中。

夜晚,雨,悄悄来临,会稽是水乡之城,两座楼宇之间总会有一条小河。正值下雨时节,晚上,周边灯火亮起,河上起雾,朦朦胧胧的雾让书生们感受到了江南的烟雨迷离。三五成群的人们，打着油纸伞，穿梭于烟雨之中，远处那点点灯火，若隐若现的建筑，使书生们发自内心感叹，仿佛等会儿就有一位白衣仙女款款走来。

今日，驿站早已不是以前的驿站，也不是原来的地方了，但是那些历史，那些古建筑，还在。

台门中的时光

陈婧萱

绍兴有首民谣:绍兴城里十万人,十庙百庵八桥亭,台门足足三千零。真正走在绍兴的街道上,才发现这种特别的建筑台门之多,之美。

绍兴这些极具特色的江南民居中多是台门。或是有钱有势的大家族家宅之"尊称",或是状元、探花为了光宗耀祖而造的楼房。据说,光是宋至清,来自绍兴的状元就足足有十一个。一般在台门口还会放上炫耀门庭的旗帜、匾额。台门的存在,记录了不同时代的特征和建筑特色。

"绍兴古城,台门如星。"台门隐藏在古越水乡的大街小巷。那一座座乌瓦粉墙,幽静院落,飞檐翘角,或豪华,或古朴,或庄严,或肃穆,叫人一看便陶醉其中,心动神怡。

里面的每一根柱子都在讲述着历史的沧桑,岁月在它们身上留下了不可磨灭的痕迹。抚摸着窗上精致的花纹,惊叹于先人的心灵手巧,推开那一扇扇窗户,仿佛散落着遗闻轶事。雨洋洋洒洒地落进了天井,一株株植物喝饱了,开始飘散旧时的传说,通向那一间间房的长廊里,流淌着古风遗韵……庭院深深,这里的风、雨、花、草,这里的一切如凝固的音乐,余音袅袅,如梦如幻。也许它见证了一个大家族由盛到衰,从满堂欢到空无一人;也许它见证了一个穷苦的书香门第里考出的状元,明白了"读书能改变一切"的真理;也许它看淡了世间的人情冷暖,当人们纷纷离去时,只能默默叹一口气。曾经在园里的少年少女最终还是逃不过岁月的变迁,各奔东西,为了曾经的理想而奋斗着。一切的一切让人变了,可这一座座台门始终未变。

如今这里,或是茶楼,或是客栈,或是饭店,或是许多摇着扇子的老头老太打牌、搓麻将的地方,可即使是现在,我们依然可以在这里找到曾经的风貌,曾经精美的窗花,柱子上的雕刻依然吸引了一批一批的游客到此参观、欣赏。

雨渐渐下大了,园中天井里摆这的植物欢愉地吮吸着上天送来的甘露,屋内隐隐传来爽朗的笑声。其实,我们也无须深究曾经的浮华。如今,一座台门告诉我们旧时的故事,就足够有意义了。

闲话绍兴的酒器

陈婧萱

　　"非酒器无认饮酒,饮酒之器大小有度。"提到一坛好酒,许多人都不会想到酒器。但其实酒器是酒文化的重要组成部分。

　　最早的酒坛子应该是远古时期人类用来装粮食的陶罐,因为有人不小心将粮食忘在了陶罐里,经发酵产生了一种令人晕晕乎乎、飘飘欲仙的液体,于是酒就诞生了。

　　一直以来,还有杜康"有饭不尽,委余空桑,郁积成味,久蓄气芳"的传说。那么,最早的酒器中,还有空桑——桑树的树洞,这一大自然创造的特殊器物。

　　而在商朝,人们越发相信鬼神了,再加上酿酒业发达,中国的酒器达到了前所未有的繁荣。各种各样的青铜酒器层出不穷，尊、壶、鉴、爵、觥、觯……不同的杯器，象征了当时人们不同的身份与地位。其中造型最多的为动物型的，羊、牛……它们更多地寄托了当时人们的美好心愿。

　　"曲水流觞"的典故大家一定都听过，王羲之的《兰亭集序》留下了千古的佳话。据说，当时王羲之就是趁着酒兴写下了这个千古名作，酒醒后，就再也写不出原本的味道了。这故事便是发生在绍兴，绍兴是酒乡，人尽皆知，但绍兴还有可用于装酒、品酒的上好瓷器——越瓷。我在仓桥直街一家茶馆中竟见到了越瓷中的觞，天青色，泛着微微的蓝光，色泽甚为美妙。这种类似于托盘样子的酒杯，开口椭圆形，杯身浅浅的，两边各有一只"小耳朵"，像振翅欲飞的鸟儿张开双翅，因此也有"羽觞"之名。所谓的"曲水流觞"就是许多文人墨客找一处安静的地方，沿河设座，令一杯酒依水流蜿蜒而下，酒至某人前，那人便要作诗一首，趁着陈酒的微醺，将自己的真情实感一抒。如今我也在绍兴，本想去兰亭，亲身感受那里的古风遗韵，可惜被台风困住了行程，只好在觞这种酒器面前，构想那份魏晋风流、名士风度了。

　　绍兴酒坛里最好看别致的，便是清代出现的绍兴花雕酒坛了。漫步在绍兴古巷里，路边随处可见的便是那一家

家酒店,店里多是花雕酒。几个漆画的酒坛十分惹人喜欢,小巧精致,多装女儿红、状元红,坛上的图案寄托了千万父母对孩子的祝愿。那一坛坛花雕酒里,酿的不是水和酒,而是厚重的时光和父母深沉的爱。多年来,这样一坛精致的花雕酒静静地埋在泥土之下,再次"睁眼"便是一家人泪流满面的时候。

绍兴酒还喜欢装在一种陶制的罐子里。稳重憨厚,其貌不扬,泛着乡间粗野的土气。不管什么酒装到里面,一看便好像是一坛深藏地底的陈年老酒。它小底大肚,难道是暗喻"宰相肚里能撑船"?掀开最上面盖着的一块红布,扒下泥糊的盖子和粽叶,一股酒味从罐中直冲出来,脑袋"嗡"地一下,什么也记不清了。

有人说,陶坛疏密结构能保持与外界交互贯通的呼吸作用,让酒继续微弱并长期陈化,达到越陈越香的效果。可惜又有人说,这是一种错误的传说。我倒宁愿相信陶酒坛子真有这般神奇功效,用这装上一坛酒,埋于地下,再取出时,岂不是喝了能赛过神仙?

臭豆腐与甜小攀

孙紫睿

烟雨江南,早听闻绍兴水乡是很美的,河道两岸的房子秀丽婉约,粉墙黛瓦中间一条小街,很是热闹。

哇!臭豆腐!作为一个资深吃货,怎能放过臭豆腐呢!我可是它的忠实爱好者,所谓"闻着臭,吃着香"。老绍兴的臭豆腐,可不像长沙的品种,一身黑衣,而是外皮一层金黄色。它们一块块白嫩无比,跳下油锅,在里头翻滚,才成了金黄色,油滋滋地冒泡。拿了刷子蘸上酱,数甜面酱和辣椒酱最与豆腐匹配。用两根小竹签,叉开外衣,凉一会儿,一扎,咬上一小口,嘶哈——臭味儿淡淡的,外皮焦香,淌着油,里头嫩而软,有些烫。辣椒酱和甜面酱慢慢融化于口中,味在口中久久不会褪去。

这拥有"极臭的香"的臭豆腐究竟是怎么来的呢？相传那一年有个到京赶考的秀才，金榜落第，只得在京中沿街叫卖豆腐。正值夏季，卖剩的豆腐很快就会发霉，他就将这些豆腐切成小块，稍加晾晒，买一口小缸，用菜卤了腌起来。后来，秀才一心攻读，渐渐忘了此事。秋风来临之际又逢京试，秀才突然想起那缸豆腐，赶忙揭开缸盖，一股臭气扑面而来。取出尝试，只觉得臭味之余竟还蕴藏着一种鲜香，实在耐人寻味。尔后，秀才屡试不中，只得回家，在家中按过去做法做起臭豆腐来，经油炸后其味无穷鲜美，此后便有了这大名鼎鼎的绍兴臭豆腐。

科举考试曾在绍兴举行，这一点足以说明绍兴在古时候地位很高。它还曾是南宋的临时政府所在地。绍兴本名为会稽。金攻下了汴京，宋高宗为励精图治，大改年号，批诏曰"绍奕世之宏休，兴百年之丕绪"，绍兴为"绍祚中兴"之意。自此之后，方才有了绍兴的地名。

绍兴还有一种极具特色的小吃，名叫"小攀"。它的来历也有典故。1903年，绍兴福康医院有个欧洲的传教士，每逢佳节倍思乡，绍兴的老厨子，就根据他的描述，研制出了这种极具绍兴特色的西点。没想到小小的美食，竟是中西合璧才诞生的。小绍兴，真是有着大文化。

刚做好的奶油小攀,用一张纸垫着,外壳厚而脆,白花花一堆,软软蓬蓬的,非常甜。

　　两道悠久的小吃,是绍兴人独有的陈年记忆。

绍兴人的乌干菜

陈婧萱

走进绍兴，就像是走进了一幅古色古香的卷轴。一艘乌篷船，一座老台门，无不拥有自己传奇的故事，绍兴的乌干菜也不例外。

提到越州文化，就不得不提绍兴的"三乌"：乌篷船，乌毡帽，乌干菜。乌干菜不像木乃伊一般毫无生气地被关在博物馆的玻璃柜子里，它是活的。在绍兴，大街小巷无处不见乌干菜的身影。在绍兴人家的餐桌上，也常常少不了乌干菜。可以说，乌干菜成了绍兴人生活中不可缺少的一部分。据说，在金华东阳，贫穷的东阳学子就是吃乌干菜吃出了许多博士，在当地，乌干菜美其名曰"博士菜"。在绍兴，同样有许多博士，甚至有许多比博士还了不起的人。

据《绍兴市志》记载,绍兴出过二十七名状元,最小的才二十三岁。这是不是也有绍兴乌干菜的功劳呢?

乌干菜乌黑油亮,根根分明,似干净利落的茶叶梗,初闻时有一股浓郁的焦糖味,又搭上些醋味,再闻便有些醉了,脑袋晕晕乎乎的,一时反应不过来了。乌干菜入口时,咸味浓重,必须配豆角、三层肉才更好吃。回味时,才发现,它的咸味中其实含着一种特别的甘甜,用来下饭再合适不过了。

著名作家鲁迅先生就是绍兴人,十三岁的鲁迅正是拜师求学的"黄金年龄",可周家一年出了几件大事,家产几乎败光,曾经锦衣玉食的鲁迅,一下子就只能吃粗茶淡饭,乌干菜、白米饭恐怕就成了鲁迅童年生活中吃得最多的食谱了。乌干菜由荠菜、油菜、白菜等腌制而成,价格便宜,和当时鲁迅家的经济水平刚好相配。据当地的居民说,不同菜腌制的乌干菜,味道也有所不同,荠菜为鲜,油菜性平,白菜质嫩,无论是什么菜腌的,都各有各的鲜美,各有各的风味。

当然,如今社会已经富裕,单单乌干菜、白米饭已满足不了人们的口味。一碗"乌干菜扣肉"就诞生了。相传这种经典美食正是绍兴的书画怪才徐渭发明的。当时他为一家肉店写了招牌，老板十分欢喜，特地送了徐渭一块土猪肉。徐渭穷困潦倒，家里没有其他调味品，就用后院腌制的乌干菜炒肉，结果香飘万里，街坊邻居纷纷赶来，当场学会了做法。一传十，十传百，乌干菜扣肉的做法渐渐传开了，一道乌干菜扣肉也成了许多人家桌上的常客。

我的爷爷是香咸食品的重度爱好者，他对乌干菜扣肉更是情有独钟。平日里去爷爷家吃饭，一碗乌干菜扣肉就占了所有位置，至于主食，不过是一碗白花花的米饭。乌干菜与土猪肉的油腻相调和，再配上米饭，简直是绝配，怪不得祖籍同样为绍兴的周恩来总理将它作为国宴中的佳肴推荐给外宾。

王征宇在《越是我故乡》中曾写道：乌干菜、白米饭就是当年激励寒门学子凤凰涅槃的满满动力。读到这里，我似乎懂了"三乌"文化的真正意义。乌篷船、乌毡帽、乌干菜，他们真正活在了绍兴人的生活中，同时，更活在每个绍兴人的心里，无论他们走到哪里，依然会记得家乡的一份乌干菜。

三味书屋

孙紫睿

"周树人,希望你继续努力。"

那年,迅哥儿被送进了全城中最为严厉的私塾,因为他实在是太调皮了,拔何首乌毁了墙,将砖头抛到梁家去……

"从一扇黑油的竹门进去,第三间是书房。中间挂一块匾'三味书屋',匾下面是一幅画,画着一只很肥大的梅花鹿,伏在古树下。"如今,迅哥儿刻在书桌上那个方正的"早"字,仍然很醒目。一次迟到,塾师批评了鲁迅,为了督促、告诫自己不要迟到,鲁迅才刻下了这个字。果然,他以后再也没有迟到过一次。

作为现在的学生,对于私塾,它实在和我们想象中的不太一样。只收那么十几个学生，寿镜吾老先生竟然还怕教不过来。老先生瘦瘦高高的，戴着一副大眼镜，须发都花白了。据说，他可是城里极方正、质朴、博学的人，他的为人和治学的精神，给当时的小鲁迅留下了很深刻的印象。

书屋后，还有一座小园子，种了两棵桂树，一棵蜡梅树。小时的鲁迅，下课了就溜到后院嬉耍。"爬上花坛去折蜡梅花，在地上或桂花树上寻蝉蜕。最好的工作是捉了苍蝇喂蚂蚁，静悄悄的没有声音。"

淘气的迅哥儿呀！上课时还惹老师生气，老先生不时读书入了神，伙伴们用纸糊的盔甲套在指甲上做戏，画画儿的画画儿，描绣像的描绣像。"读的书多起来，画的画也多起来；书没有读成，画的成绩却不少了。"

玩久了，先生自然要生气，可是寿老先生，却是很慈祥的。"他有一条戒尺，但是不常用，普通不过瞪几眼，大声道：'读书！'"鲁迅笔下的寿老先生，是一个极有学问的人，很和蔼，很平易近人。

虽然鲁迅有时很调皮，但却深得先生的赏识。

一次，有个调皮的同学，偷看了"对课"的题目，便去"请教"鲁迅，"独角兽"怎样对好呢？鲁迅随口答道："四眼狗。"那时,人们叫戴眼镜的人"四眼狗",是骂人的话,寿先生就戴了一副眼镜。

不久后,对课开始了,叫到那个同学时,他十分自信,不假思索地说:"四眼狗。"这下可把先生气坏了,鲁迅则躲在下边偷笑。不巧,这时,先生发现了他正在偷笑,心里更不舒服了,就把他叫起来对对子,鲁迅脱口而出:"比目鱼。"先生转怒为喜,赞叹道:"妙哉,妙哉!"

书屋名为"三味",是有很大道理的。"布衣暖,菜根香,读书滋味长。"这种说法,还是寿老先生的孙子寿宇提出的。意思是说:"甘当老百姓,不做官老爷。满足于粗茶淡饭,不羡慕山珍海味。认真体会读书,从而获得深长意味。"这不正是正人君子的品格吗?寿老先生办学,坐馆教书六十年。"一日为师,终身为父。"鲁迅长大后外出求学,还一直和寿镜吾老先生保持着联系。寿镜吾先生好像别无所求,就是希望学生们成为一位位君子,学有所成,学有所用。

童年的三味书屋,陪伴鲁迅走过了六年,迫于父亲之死、祖父入狱,不得已,离开了这个给予他生命和文学的启蒙之地。

小夜幕

楼夏语

"小夜幕",这样一个富有诗意的名字,竟然是一家咖啡馆的名字。这家店的主人曾经是丁妈的学生,看起来十分年轻,可未曾想这样年轻漂亮的小姐姐,能开出一家可以说是"风情独特,摇曳生姿"的咖啡馆。

几个小小的金黄色的字,映衬着墙壁的土黄,越发显得漂亮。从墙壁缝中伸出来的遮阳篷上,滚落下来几滴空调水,顺着篷顶流下,正好落在了树叶上,又沿着叶间滴落,"啪嗒,啪嗒"水珠落地的声音,此起彼伏。大门两旁种着的绿植高低错落,矮矮的树丛中,点缀着些许淡黄色的小花,有种说不出的浪漫情调。

推开大门,首先映入眼帘的是长长的吧台,两台简约的白色咖啡机旁,各放着一束花,深深地吸一口气,浓浓的咖啡味中还混合着淡淡的花香。抬头望一眼架在墙上的柜子,下面一排整齐地排列着许多透明的杯子,简约又不失美观的盘子,而上面一排放了两盆绿萝,几罐梅子酒。那梅子酒的颜色,一看就知道是泡了许多时日的陈年老酒。几盏吊灯,在吧台的上方,透明的花边罩子中,隐约透出了暗黄色的灯光,灯光打在吧台上,暖暖的,散散的,一下子使人放松下来。

伴着音乐,我漫步于咖啡馆中,店里的灯独具特色,以两种灯为主打:一种上面用麻绳系挂着,上半身像极了半个月亮,下面垂挂着黑白相间的珠子,一串串珠子围成一个圆圈儿,白色打底,黑色的波浪条纹上下涌动着,别有一种美感;另一种灯更具装饰性,一幅幅精美的画上方,金色的圆盘,金色的柱子,上面托着一个花儿似的透明的灯罩,里面的灯一开,星星点点的光影与投在墙上的倒影重叠着,像极了一只扑扇着翅膀的大蝴蝶,梦幻极了。

壁炉上的花静静地开着,壁炉的纯白衬托着花儿的朴素,甚是好看。这个角落就像是寻常人家中,冬日里最温暖的角落,安静又舒适。

这家店的主角可不只有咖啡,还有蛋糕。这些蛋糕当然都是年轻漂亮美丽大方的咖啡店掌柜——媛媛姐姐亲手制作的，它们个个独具特色，令我印象深刻的一个是荔枝覆盆子，白白的蛋糕上插着粉红色的圆片，让人心生幻想的粉红，晕染着丝丝米白，在炎炎夏日，最清新可爱。另一个是抹茶凤梨佛手柑，看起来像个布丁一样的外形上撒满了抹茶粉，"底座"还点缀了不少椰蓉，看起来像极了嫩绿的仙人掌，叫人忍不住想亲它一口。媛媛姐姐还给我们看了几张图片，那都是她以前做的巨大的蛋糕，工艺相当复杂。比如有凤凰驻足其间的翻糖蛋糕，几层红色的蛋糕胚就像是一座大山，直插云霄，山顶上立着一只凤凰，长长的尾巴从山顶一直拖到了山脚，尖尖的嘴巴，炯炯有神的眼睛，像是在俯瞰山下的世间万物。整只凤凰栩栩如生，如果像"画龙点睛"那样给它点上双眼，我相信它肯定能翱翔于天际。这手艺真是令人佩服！

浓浓的蛋糕香一如既往地飘满整个店铺，时光静静流逝，坐在窗边，品尝着盘中的美食，欣赏着窗外的美景，真是"偷得浮生半日闲"啊！

小夜幕咖啡屋

孙紫睿

有这样的说法，一座城市的咖啡屋就是它的起居室。

繁忙的小城里，人与车川流不息，阳光透过树叶的缝隙，洒下丝丝光明。在棵棵绿树后，是一家拥有着简约色调的咖啡屋，好像有魔力似的吸引着我进入这远离人世的仙境。

几个金黄色的字，勾勒在鹅黄色的墙上：good night——小夜幕。我走上台阶，轻嗅着两边的绿植，缓缓步入咖啡馆，慢慢推开轻掩的大门。里面的一切显得轻奢又精致，柔和的音乐在耳边荡漾，前台的柜里摆着各种漂亮的诱人的甜品，我的目光瞬间被它们所吸引。它们拥有不一样的好听名字，令人着实想尝上一口。甜蜜的奶油，

在口中融化;柔软的蛋糕胚,坚硬的巧克力和糖珠,松脆的星形饼干和奥利奥,清甜的水果,一切美味尽浓缩在这小小的明亮的柜台之中,实在美好。

甜品配上一杯醇香的奶茶,双重香甜在唇齿间相遇、撞击,多么完美的搭配。

这里的一切都很唯美。随处可以见到一幅幅油画,大的,小的,方的,长的,人物,静物。墙上一盏盏透亮的灯,闪着柔和的黄色微光,映在木地板上。透过每一扇窗,都能看到外面的一切,车飞快地驶过,人疾步地走过,与里面的一切截然不同。咖啡馆绝对是一个慢的世界,慢的时光缓缓流淌。坐在窗边的沙发上,倚着柔软的靠背,无论是工作还是学习,抑或是喝杯下午茶,哪怕只是发个呆,都那么充满情趣,充满快乐。

咖啡屋的主人是媛媛姐姐,她是做蛋糕的高手。媛媛姐姐制作的火凤凰,羽毛披下,尖尖的嘴,炯炯有神的圆眼,栩栩如生。更厉害的是,一个蛋糕居然能成为一座城堡,城堡的浴室里,连马桶这样的小细节,都做得有模有样。而豆豆姐姐是做蛋糕人物的"能将",一双巧手,捏出精致的人物,无论是迪士尼的小动物,还是游戏中的马里奥,都特别逼真。也正因为如此,这个咖啡屋的主角不仅是咖啡,还有蛋糕。媛媛姐姐说:"如此梦幻而又诗情画意的名字是在她的梦中浮现的,英文'good night'(晚安),多恬静多柔美呀!"

　　我由此喜欢上了"小夜幕"这个名字。小夜幕之下,一切都可以是安详的。

时光的味道

杜鹃花儿正艳

陈婧萱

"三月樱花飘雪雨,四月杜鹃映山红。"杜鹃鸟,传说是望帝的化身。为了劝从帝改过自新,日夜啼叫:"民贵啊,民贵啊……"喊得口吐鲜血,染红了漫山遍野的花儿,"杜鹃花"的名字就由此得来。

在我面前的是一盆红边白瓣的杜鹃,说实在的,我曾经见过漫山遍野的杜鹃花,那是降落在人间的"火云",一团团,一簇簇,好似山野处处举着燃烧的"火炬"。

而盆栽的杜鹃,此前我竟没有留意过。细细观察眼前的这一盆,一层、两层、三层……层层叠叠的花瓣,你挨着我,我挤着你,好像中间有什么宝贝似的,怎么也不肯让我看到。整朵花就像是哪个小仙子忘记了的蓬蓬裙,粉红似玉,红艳如霞。原来还有开得如此繁复的杜鹃花啊!

　　但要说印象深刻,我最喜欢的还是三姐在课件上展示的一朵白色杜鹃花,它好似《红楼梦》里的林黛玉,柔柔弱弱,一颦一笑都令人心生怜爱之意,好像轻轻来阵风,就能将它吹走似的。它不像有些花,富丽堂皇。它天真、纯洁,微风徐来,它就好像一位舞者,踮着脚尖,轻轻地转着圈,轻轻跳起又缓缓落下,优雅地舒展着自己的双臂,又像是一只白天鹅,伸长着脖子,梳理着自己的羽毛,全身的羽毛如雪一般,一尘不染。好一个谦谦君子,叫人忍不住想起周敦颐写莲花的那两句名言——"出淤泥而不染,濯清涟而不妖",这朵杜鹃虽不似莲花从污泥中生长出来,但那种清新脱俗的姿态,显然与莲花相似极了。

　　在它的下面,是一朵金灿灿的杜鹃花,它的花瓣比上面的"白君子"略长一些,形状就像个小喇叭,好像在报着春的喜讯。它向阳而长,因阳而生,就像个开朗爱笑的小姑娘,大大咧咧,顺手牵了几缕阳光就披在自己身上,开朗、温暖,应该还有坚强,从不向困难低头,微笑着面对一切。

　　有人说,杜鹃花身上有一种坚强不屈的精神。它有着顽强的生命力,没有人知道它经历了多少磨难,经历了多少风欺雪压,它从不自怨自艾,不论花落山野,还是开在一个小小的盆儿中,都能活泼地盛开,开得从容,开得自在。

杜鹃花语

周　悦

　　樱花太娇弱，雪莲太坚强，唯独杜鹃，有时候娇弱，有时又很坚强。

　　茉莉太小，睡莲太大，唯独杜鹃，不大也不小。花瓣的夹缝里，藏着的都是诗人的话语。

　　红玫瑰太浓艳，栀子花太单纯，唯独杜鹃，可以像胭脂一般明丽，又可以像少女一般娇嫩。

　　杜鹃的花朵实在是美的，有一种凄迷的美。那是因为杜鹃鸟的传说，增添了它神秘的色彩。它是文人墨客思乡的寄情之物，是白居易的心爱之花。白先生是多么希望它能开在自家的院子里，以便日日夜夜能够看到它的身姿，欣赏它的花开。他移种野生的杜鹃，失败了，写一首诗，成功了,再写一首诗,不论是失望伤心,还是心花怒放,这诗都是千古名诗,而伴随着诗句变得更为出名的,当然还有杜鹃花。

我喜欢红色的杜鹃花。传说杜鹃花是因沾了杜鹃鸟的血而红的,多么富有诗意的传说啊。在细雨蒙蒙的春日,看着漫山遍野的杜鹃,一片迷离的红晕,在绿意丛中,显得分外明艳。而且,我认为最传统的红色杜鹃花是最好看的。细看下来,它红色的花瓣其实也并不全部是红色的,鲜艳的血红花朵中,夹杂着几朵柔弱的粉红色,粉粉嫩嫩的花瓣,那便是坚强中透出的几丝娇弱。

我也喜欢白色的杜鹃花,因为它的朴素让人心安,仿佛能够带人进入一片无比纯净的世界。在花海中与群花闲谈,最惬意不过了。白茫茫的杜鹃花海,雪一般的晶莹,雪一般的无瑕,只需与花亲密,欣赏它的美,感受它的喜怒哀乐。

杜鹃花还是我的家乡——湖南长沙的市花。正好杜鹃又有思乡的象征。我也思乡啊!我出生在湖南,和毛主席同一个家乡,我还说得一口正宗的湖南话。后来,父母来到义乌工作,我便也来到了义乌,在义乌上了学,回家乡的时间就少之又少了。每当想家时,我就想起那漫山遍野

的杜鹃,红得像火焰,粉得像面颊,多么令人怀念的杜

鹃啊!

春分竖蛋

朱铿谕

"春雨惊春清谷天",一转眼就到了春分。冰雪重新融化成涌动的河流,花儿绽开笑脸,绿叶抽出新芽,一切都从冬的梦中苏醒过来了。

春分是一年里最"公平"的两天中的一天,昼夜相等,据说地球磁场也最为平衡,很适合立蛋,所以有这么一说:"春分到,蛋儿俏。"蛋又是圆的,古人最喜欢圆,圆表示团圆、圆满。这蛋还得是鸡蛋,"鸡"谐音"吉",那就是"大吉大利"的意思。

今天,我们就要体验竖蛋的乐趣了。对此,我倒是早有耳闻,却从未亲自体验过。听说竖蛋是很难的,我才不怕嘞。上课时老师一讲到竖蛋,我就立马聚精会神地盯着屏幕，一个字都不敢漏看，又或者盯着老师，寻找蛛丝马迹，想着能快点掌握竖蛋的技巧，以便在大家面前大展身手一番。可是看了很久，啥名堂也没琢磨出来。幸好我们要先给鸡蛋"美容"一番，为它穿上漂亮的衣服。罢了，我先给鸡蛋化个妆，美个发吧。放眼望去，蛋的妆容可真丰富多彩：萱萱画的是小猪佩奇，"面如土色"的鸡蛋，被萱萱扑了粉底后，变白啦；融妞在鸡蛋上画了个唱京剧的小人，特别形象，只可惜最后不小心被融妞自己打碎了，蛋黄蛋白"血流成河"，你别说，还挺Q弹的；小可画的是夜晚的星空，画得倒不错，但手沾满了颜料，害得我给她拿了好几次纸。

　　我等不及给鸡蛋化好妆，就想着先试试能不能竖起来。我将鸡蛋大的那头朝下，整个人趴在桌上，小心翼翼地放好，可一松手，那鸡蛋就倒向了一边。试了好几次，一次也没有成功。看看旁边的同学，有的早早就立了起来，有的也如我这般，手一离开鸡蛋，鸡蛋就开始在桌子上匍匐着舞蹈，根本没有想要站起来的意思。众多同学中，唯有金湛，竖蛋技术最为高超，十次有几次能竖成。只见他弯着身子，将脸贴近桌面，与桌子几乎持平，深吸一口气，像神仙练功一般，轻轻拿起鸡蛋，放到桌面上，一根、两根、三根……手指头一根一根,慢慢松开,剩下最后三根啦!一放,啊呀,这次竟然没有立起来。那鸡蛋就像偷懒的大肥猪一样,摊开手脚躺在一边。

　　还是萱萱的鸡蛋最好玩,被我们称作"神仙鸡蛋",不论谁拿起鸡蛋,过不了多久都能把鸡蛋立起来。她的鸡蛋的顶端画着依依杨柳,还增添了几只燕子,看起来十分俏皮可爱,果然很应春分时节的景致啊。

春分到，蛋儿俏

陈婧萱

"春雨惊春清谷天"，惊蛰过后，花开正艳，春分便在这时踏着轻快的脚步到来了。

春一到，全身的血液、神经、骨骼好像一起醒了过来，一种许久未有的舒服与愉悦弥漫在全身上下。油菜花开了，海棠花开了，木兰花开了。一夜之间，大地浪漫一片，好似所有的树都约定好了时间，一齐繁盛起来。空气中处处弥漫着花香，大地更是锦绣一片。漫山遍野的油菜花，开出黄灿灿的一片，却错落有致地"交杂"在绿野之中，如千万只萤火虫提着金黄的小灯笼在绿野中窜来窜去，微风一起，那样子便更像了。

说到春分，就不得不提一提立蛋了。自古以来，蛋便有"多子"之意。古人寿命短，医疗技术较差，若要使家族世世代代传下去，便要多生孩子，且"鸡"字谐音"吉"，形状是圆形，有"吉祥""圆满"之意，所以在古人眼中，鸡蛋的寓意是极好的。

立蛋游戏之前，要先给自己手里的鸡蛋淡妆浓抹一番。春天，杨柳依依，燕子蹁跹，面对大自然如此诗情画意的景象，怎能不叫人想要画之而后快呢？好吧，就来一幅杨柳归燕图吧！几条杨柳随风舞动，燕子双双穿梭其中，轻盈的舞姿，明快的节奏，正应着春分的美景。

给蛋化好妆，重头戏还在后头呢，我们开始立蛋了。三姐叫我们摇一摇，蛋会更好立。一开始，我的蛋就像一个喝醉酒的大汉，东倒西歪，就是用手扶着也还是难逃倒下的命运。我急得不得了，鸡蛋呀鸡蛋，你快立起来吧，快立起来吧，你一定要成为最先立起来的鸡蛋呀！我努力静下心来，用手轻轻拿起蛋，捏住蛋的两侧，眼睛死死地盯住它，大气也不敢出，觉得它应该站稳了，两个手指轻轻松开，努力让手不碰到鸡蛋……"哇——"我惊呆了，那只被我认为绝不可能立起来的鸡蛋，居然稳稳地"站"在了那里，我一时说不出话来，周围的人也将嘴巴比成一个"O"字，看来大家都很吃惊呢！我看向身后，月月也在努力立着蛋,她双眼与桌子持平,眼睛里满是担忧,嘴巴里不停地喊着:"啊!啊!哎呀!呀!呀!呀!呀!……"只可惜,没立成。我把立在桌面上的蛋拿起来,重新再立,居然这一次又成功了。大家纷纷过来围观,都说我的蛋是个"神仙蛋",哈哈。只可惜,到最后,我的鸡蛋居然碎了。难道它是见我太过得意忘形了吗?看来神仙也不是百分百的保险哪!

凤仙染指，一夜深红透

孙紫睿

相传早前，有个名为凤仙的姑娘，长得亭亭玉立，秉性温柔善良，与一个叫金童的小伙子相爱。一日，县官的儿子见凤仙如此貌美，顿生歹心，调戏凤仙，被凤仙臭骂后灰溜溜逃走了。凤仙知道自己闯了大祸，县官儿子定会回来找麻烦，便决定与金童带着家人连夜启程，远走他乡逃难。途中，金童之母患病，可周围荒山野岭无处求医问药，四人只好停脚。另一边县官知道儿子被凤仙骂了一通，便要捉拿凤仙。无奈之下，凤仙、金童拜别父母，纵身跳崖，两位老人强忍悲痛将两人合葬。夜里，两人托梦给父母，山涧开放的花能治母亲的病。次日，老人采花熬药，果真病愈。后来，人们把这种花命名为凤仙花，以示纪念。

在万物勃发,阳光灿烂的日子里,几簇凤仙花丛,能增添不少风情。

凤仙是多姿多彩的。无论红色,还是白色,抑或是粉色,皆有不同的风格。红色如火焰,热情奔放;白色如雪花,高雅纯洁;紫色神秘;黄色闪亮;粉色好似少女的脸颊,粉艳艳,亮闪闪,娇嫩无比,煞是好看。姹紫嫣红,小小一株种在小盆里,小巧精致,密密的绿叶下,透出点点嫣红,好似一只只蝴蝶,纤纤弱弱开着,却有着说不出来的可爱。

凤仙是小女子的梦,"十指纤纤,一夜深红透"。每个女孩子,都有一颗爱美之心。在那些没有各色化学合成的化妆品的年代,凤仙花开的时节,每个女孩都可以把指甲染红。将凤仙花捣碎,用明矾搅拌,搁置一两个时辰,敷在指甲上,一夜过去,第二天指甲上便会留下一抹浅浅的红。由此,凤仙花又叫"指甲花"。不得不佩服女孩子扮美的本领。

凤仙花,用简单的颜色渲染生活的美,用恰到好处的红装饰了多少女孩子的梦,女子的手,因凤仙花添了一分妩媚,一分自信。《红楼梦》里的晴雯,就养了两根长指甲,常有染红的痕迹,可见,晴雯爱凤仙花。历朝历代,都留下了关于吟咏凤仙花染指甲的诗句,那是对凤仙花最热情的赞美。

　　凤仙花的花开牵引着女子的心，在花的高光之下，它的叶子当然就不怎么受人关注了。其实，细看之下，它的叶子也长得极富韵味。细细长长，边有锯齿，摸起来却柔柔弱弱，宛如盈盈的一捧水。它的绿，也像湖泊里的水，极温润。

　　凤仙花的种子，一触即发，被人们称为"急性子"，这与快人快语、风风火火的晴雯，颇为相似。果实呈水滴状，底部尖尖的，颜色更深些，轻轻一捏，"啪"地一下炸开，蹦出芝麻大小的浅绿色的种子，外皮瞬间卷起，好似一条绿虫子。

　　风情万种的凤仙，志坚、色艳，给人以美好的幻想，它体贴人的爱美之心，真是一种温情脉脉的花呀。

六月荷花别样红

楼夏语

　　梅雨季节过后,太阳更加放肆地洒下光芒,知了也叫得更欢了,显然盛夏来临了。在这样肆无忌惮的季节里,也有一种花,肆无忌惮地开着。

　　没错,就是荷花。时值盛夏,正是荷花盛开的好时节,不知今年的杭州西湖上,还有没有当年的盛景:荷叶飘飘荡荡,铺满了整个水面,一阵风儿吹过,整片荷池如巨浪一般起伏不定,真真是"接天莲叶无穷碧,映日荷花别样红"。几个小孩趁着父母不注意,偷偷地趴在岸边,努力伸手去够那荷叶,却无济于事。这时,总有几个孩子大声炫耀着自己的"战利品",心里一定在暗暗叫好!

　　"义乌之心"门口也有许多荷叶,十几盆聚在一起,好不壮观。还没靠近，便有一股清凉之气夹着荷叶的清香扑面而来，那样鲜艳的绿中突出的几抹鲜红，吸引了许多人围观。坐在远处的树荫下，静静地望着它们随着风不停地摇晃，立在高处的几株荷叶，叶片又宽又大，被风一吹，叶片会被卷起，那叶片重重地打在自己身上，一定有些疼吧！

走到近处，仔细看，每一朵荷花都不同。离我最近的这朵，花瓣小小的，有些已经有点儿萎缩，中间几根花蕊也变了色，由金黄变成了土黄，它们的这些改变就是为了让莲蓬有更好的环境成长。你看！那花中间已长出了一个小小的莲蓬，小巧玲珑，十分可爱，虽然里面只有几颗莲子，但却还是十分讨人喜欢。再看旁边一朵，它可厉害了，年纪轻轻（花瓣颜色还很鲜艳）就有了双胞胎：显然长在里面一些的，黄黄的那个，是个小宝宝，还未成熟，正躺在妈妈怀里睡觉呢！长在它旁边的应该是哥哥，正一声不吭地看着书。

古时候，荷花也深受大家喜爱，因为它既素雅又明艳。"灼灼荷花瑞，亭亭出水中，一茎孤引绿，双影共分红。"这大概是对荷花最好的赞美。

荷花在佛教中也声誉颇高，什么七宝莲花，步步生莲等，都是与荷花有关的。

荷

孙紫睿

　　蓝天白云,晴空万里,蝉鸣阵阵。阳光很是热烈,让人好奇地想知道为什么太阳离地球这么远,地球还这么热?在这炎热的夏天,却有种热烈开放的花——荷花。

　　听过一句话:"真正懂得欣赏荷的人,才真正懂得爱。"此时,我不禁羡慕起那如荷花一般身着罗裙的采莲女了。

　　"荷花芯"里的荷花开得灿烂,虽说种在盆里,远没有西湖上那朵朵色彩艳丽的大荷花开得热火朝天,但也足够饱眼福了。在一缕缕微风的吹拂下,荷叶如绿色的波浪般微微动荡。凑近看,好似撑开的绿色大伞,"伞"上的细纹在艳阳下清晰极了。这使我不禁感叹,要是能躲在这么多荷叶下,该多么凉爽呀!不过,还有些刚萌发的小荷叶,跟铜钱挺像,还没我的手掌大,我将水洒在翠叶上,滴滴水珠在阳光下多么闪耀,好似一颗颗晶莹的珍珠,映出彩色的亮光。

荷叶下,是被遮掩的荷花,她是娇羞的少女,妍丽怡人。她们各自有不同的姿态。起初,都是含苞待放的花骨朵儿,花苞尖上是深色的玫红,由上到下则越来越浅,最后便是近乎白色的粉了。接着,她们渐渐开始舒展身体了,片片薄如蝉翼的肉粉色花瓣打开,露出里面小小的,嫩黄色的小莲蓬,像极了小娃娃。莲蓬里面凸出颗颗莲子,我想等它长大了一定很甜吧!慢慢地,她们不再害羞,便打开了全部花瓣,多么大方呀!每片花瓣都是精雕细琢过的,亭亭玉立。有风时便飘飘摇摇,作娇艳欲滴之态,无风时也袅袅娜娜。荷花之所以被人如此喜爱,与她清新脱俗的气质颇有关联。"出淤泥而不染,濯清涟而不妖",这两句真把荷花的清丽写尽了。赏荷之人,赏的不只是花,更是一种品味,一番雅趣。哪怕不久后,荷花的花瓣坠落了,枯萎了,只剩一个莲蓬,也能烘托出另一番意境来。

种在粉荷边上的是白荷,她们更是纯洁,如雪般无瑕,如玉般温润。此刻,站在荷花前的我似乎成了周敦颐和李渔一样的大文人,对着这一片荷花,深深陶醉……

夏日小池

楼夏语

夏日的池塘边,比春天多了几分燥热,蝉的欢鸣声此起彼伏,岸上的树木格外繁茂,蓊蓊郁郁,像是给池塘围了一道绿色的屏障。

几棵垂柳沿岸而生,细长的枝条垂挂了下来,眼看就要触碰到水面了,可偏偏在这时停止了生长。一棵高大的银杏上长满了绿色的叶子,它们似乎已经准备好了在秋天时绽放属于自己的色彩,让人们大饱眼福。在荷叶边,还种着一簇竹子,它们堆在一起,像是为了给荷叶遮阳呢!睡莲不像荷叶那样有规律地摆放着,而是星星点点地浮在水面,一圈两圈的水波晃晃悠悠,那些无风而起的涟漪是水蜘蛛们留下的痕迹。这就是池塘中的生命啊!

这里的鹅、鸭也十分有趣，两只大鹅带着四只小鸭，这个"鸭鹅组合"可吸引了不少游客的注意呢！看！那机智的小鸭子正缓缓地游过来，但似乎并不是朝着我们亭子的方向，而是往柳条下游去，像是在和大鹅们玩捉迷藏！我为了吸引它们过来，狠心地将自己包里的最后一点干粮——炒米，贡献了出来。赵蕴华赶紧撒了一大把下去，这才把那些小鸭子吸引了过来，我们不停地给鸭子们投食，这个情况似乎被大鹅发现了，它们正在火速赶来，用自己的身躯催促着小鸭们离开，我们看见这个情景赶忙又撒下一大把炒米，这才又将它们吸引回来。那两只大鹅被我们惹怒了，高昂着头，大叫起来，可我们在亭子里，它们也无计可施，便只好作罢。它们耐心地等待了一会儿，便又推着小鸭们走了，这回我们也没有干粮了，只好眼睁睁看着小鸭子们离去。

池塘是有生命，有颜色的，墨绿色的水总会给人一种深不可测的感觉，在这深不可测的水中，还隐藏着一种生命——鱼。一个小弟弟握着一个大面包走了过来，他把面包撕成小块，不断地扔入水中。起先，总会有几条鱼"扑腾"一声，以迅雷不及掩耳之势钻出水面，一口把那面包块吞了下去。每一次吃时，水面都会泛起层层涟漪。可到后来，就渐渐不上来了。小弟弟十分失落，跟着爸爸走了。但过了一会儿，水面上又传来"扑腾"的声音，我回头一看，另一块面包被涟漪冲了过去。显然，又是一次鱼吃食，这鱼可真是让人猜不透啊！

伴着夏蝉的鸣叫，太阳已从正当顶转移到了西边，时间过去了很久，马上就要离开了，我想在离开前再好好看一看眼前的美景……

水中寻乐

楼夏语

每一条溪,都有它的特点和生命,有的深不可测,有的硬朗,有的柔和。每一个人在自己的生命中都会遇到属于自己、适合自己的一条溪。

平板溪,一条千米长溪,它是我见过的唯一如此清澈的小溪,连水底的石头和鱼都能看见,蹲下来仔细观察就能发现许多鱼和蝌蚪。这溪,浅的地方是真浅,深的地方也不是特别深,大概直到我的膝盖的高度。平板溪在阳光的照射下,水光潋滟,色彩丰富,美不胜收。

第一次触到平板溪的水,只是用手摸了一下,就觉得无比清凉。把手一直泡在溪水中,过几分钟就会感觉手像是被冻住了。是的,那时我真羡慕那些穿着凉鞋踩进水里的同学，看着他们满脸惬意的表情，我就心生嫉妒。从水中捡一块扁平的石子，"嗖"地一下，飞出去啪啪两声，打了两个水漂，这也算是我人生中第一次成功打了水漂了。

水里的石斑鱼游得最快，它们也是最不容易让人发现的，它们身上的条纹像极了斑马的条纹。偶尔发现一条小石斑鱼，正准备用手把它抓起来，可手放进去的那一瞬间，水面就开始晃动。待手彻底放入水中时，那条石斑鱼早就不见了。像蝌蚪这种愚笨的动物，对付它，只需要把手放进水里，再慢慢捞起来就可以抓到了。

不知几时，老师带着我们走到了玩水的地方，待我们整装上阵，接下来就是一场"恶战"了。刚到水中，大家都还只是各玩各的。之后，孙紫睿最先发起攻击。我岂能认输？后来当然是她被我打得落花流水。我们六个大妞齐上阵，一起攻击王得一，他被我们打得"面目全非"，可又没有武器反击，只得接受我们水枪的洗礼。但他不知从哪儿弄来一把水枪，互击模式开启！只可惜王得一那把水枪的攻击性最小，还是被我们击败了。王奕璇的背后袭击是最可怕的，我又不想伤害低年级的小朋友，便只好放了她。

秋千长廊的前面是一大片空地，几个高大的爸爸自告奋勇当靶子被我们围在中间射击，全都湿透了！他们疯起来的样子,好像又回到了他们的童年时光。

　　这几天与平板溪的亲密接触,定会给所有人留下深刻的记忆。

花溪水趣

周 悦

我从来只喜欢深水,因为深水可以游泳,但是来到花溪,完全改变了我对浅水的看法。浅水也有好处的,穿着草鞋直接下水,十分方便。

鱼

鱼,你一定是不能轻易抓到的,不仅要有眼力,还要靠速度哩!

平板溪的鱼是很小的石斑鱼,十分难抓,因为溪水把石头冲刷得很光滑,鱼的警戒心也很强,一旦感觉到水动了,就会贴着石头哧溜一下游走了。而且石斑鱼的颜色和石头的颜色很像,你的眼神要是不太好,那可就发现不了它们喽！

有一次我上完课，终于知道为什么鱼儿能那么熟悉地形，为什么老是游得那么快了，因为鱼和水心有灵犀，就像一对好朋友一样。水告诉它的朋友，在它家里怎么走。那些鱼儿一次又一次借助水的动力，从我的手心逃走。不过也有极少反应慢的鱼儿，还没有游，就已经在我的瓶子里了。这些鱼儿恐怕是打瞌睡了吧！

蝌　蚪

抓蝌蚪，你不仅要靠眼力和速度，还要靠力气呢！蝌蚪从不在大片大片的水中，而是在一个一个有很多石头的小水洼里。蝌蚪很难找，因为它们喜欢躲在石头缝里不出来，所以要搬开石头才能找到。我来到一个水洼旁仔细观察着，就在这时，一只长了前腿的蝌蚪，从我面前游过去了。我用手一捂，当我张开手掌的时候却发现手里空空如也，什么也没有。我有点灰心了，这时，"画独妍"告诉我，不要灰心，要让蝌蚪游上来，才可以抓，会有很大概率抓住它的。我不知道这话是真是假，不过我还是相信了，谁叫她是抓蝌蚪的高手呢。我试着抓了一下，果然，我就抓到了一只蝌蚪，身上还有黑色的斑点，十分好看，像穿了一件有斑点的棕色衣服。

水上秋千

我们来到了玩水上秋千的地方,我坐上秋千,用脚一蹬,荡了起来。过了几分钟,我们组成一个小队,把水枪装满水,合力打男生们,把他们打得落花流水,屁滚尿流,真痛快。因为水很浅,不用怕被淹,水很清澈,也不用怕喷到嘴里。

我喜欢平板溪的水。

游双瀑争潭

孙紫睿

　　吾师生一行九人，自花溪民宿行至山顶，欲寻"双龙争瀑"奇观。沿溪溯源而上，过吊桥，踏山阶，穿行林间，未见瀑布其形，先闻其声，如雷贯耳。辗转前行百余步，豁然开朗，见一水帘洞天，有双瀑倾泻入潭，如双龙抢珠。深潭两侧青树翠蔓，蔽日遮天，清凉无比。

　　听闻双瀑自栗树坞、杏珠坞而下，汇入此潭，喷雪奔雷，飞珠溅玉，气势壮观。今日一见，果不其然。吾见左侧瀑布乱石叠泉一波三折，形如《芥子园画传·山水卷》山石谱中三叠泉，缓缓而下。右侧瀑布则如画谱中悬崖挂泉，双瀑一刚一柔参差而下，散如青烟飞扬，垂似银丝珠玉。立瀑前，凉意袭来，燥热顿消，虽值盛夏酷暑，亦觉清寒侵衣。

俯察潭中，泉石错落，青苔点缀。水尤清冽，游鱼戏草，螃蟹钻石，皆如入镜中。蜻蜓点水掠于瀑前，飞蝶双双翩若惊鸿。蚱蜢立于枯木，俨然振翅欲飞，似北宋赵昌《写生蛱蝶图》所画之景。

于潭前作画，仰望飞瀑之际，时有飞鸟掠过，落叶翻飞，美不胜收。作画乎？嬉戏乎？吾与知音心心交头接耳得意忘书。师弟小宗乃一顽童也，屡掬水捉鱼不得，竟蹚水而行，翻草掀石，终得一螃蟹，狂喜高呼。璇师妹敏如长臂猿，攀岩爬石欲寻娃娃鱼，不意青岩滑脚，翻身入水，遂成"美人鱼"。

吾欲寻瀑布源头，沿山径而上，见瀑顶溪边，两岸植被繁杂，错落有致，绿意盎然，参差披拂。花溪花神七子花身姿曼妙，美如敦煌飞天探于瀑前；花溪树神薄叶润楠扎根于岩，壮如天神守护双瀑。渐至山顶，得见三叠泉源头小龙潭，潭水平如镜清如玉，绿如朱自清笔下梅雨潭。潭水分细泉如许，遇平石缓缓而行，遇涧石夹立成峡，怒流冲击直下，层层穿山越石寻来，与飞流泉合二瀑为一潭，一柔一刚，一阴一阳，天之道也。人道双龙争潭，吾道非争也，此谓阴阳和合，万物之本也。

山中探瀑

楼夏语

　　沿着山路盘旋而上,蝉鸣得最欢,偶尔会传出几声鸟的清唱。"哗……"溪流的声音在耳边骤然响起。"是瀑布!"我迫不及待地冲下楼梯,却因为石梯太滑而险些摔一跤。在转角处方才见到瀑布,顿时,一股寒意袭来,却也还是抵挡不住我对瀑布的热爱。

　　一张石桌,一条石凳,剩下的就是这潺潺流水与几块石头了。瀑布的上方,几棵古树遮住了阳光的去向,阳光从缝中透下来几个点,算是以此表达对瀑布到来的致意。石头山的夹缝中,汇聚了栗树坞、杏珠坞的溪流,这正是它们所向往的生活。它们不用为自己流向何方而发愁,溪流会为它们引路。如果兄弟两家分散开来,也请你们不用担心,忠实的溪流会让它们重新合拢。

两条瀑布一前一后,前面一条从岩石上方直泻而下,形成一个天然的淋浴场所。当水从"天上"泻下时,向外溅起的水花就像一朵朵盛开的莲花,又像几个在水中打闹的水精灵。这瀑布落到水面时,溅起的水花不断增加,最终积成泡沫,在边缘的地方逐渐散开,融入水中。后面那条瀑布明显没有前面来得凶狠,来得快,但它流经的障碍物为它加快了一点速度。两条瀑布同时向下,最终却是流到同一片潭中。为了让自己流下的水有更多的储存空间,两条瀑布一直处于激烈的竞争中,所以被称为"双瀑争潭"。

备好食物,出发去寻瀑布之源,登上石梯,寻到了三叠瀑布之源——小龙潭。相传昭明太子曾在此读书,后人称之为"小龙潭"。回到原地,一钓鱼者至此,可钓了许久却不见鱼影,大概是鱼都游走了。听到一哥哥说溪中有水蛇,丁妈就开始惧怕起来,只听人说而不见蛇影,也不至于这般胆战心惊吧!小宗抓得一螃蟹,一心想着螃蟹大餐,不料这螃蟹却私自潜逃,令他捶胸顿足,嗟叹不已。

戏泥鳅有感

孙紫睿

　　小时候,常听一首儿歌:"池塘的水满了,雨也停了,田边的稀泥里到处是泥鳅。天天我等着你,等着你捉泥鳅。大哥哥好不好,咱们去捉泥鳅……"水塘里、小溪里,无处不在的泥鳅活蹦乱跳,乡下的孩子总能体会到这样的快乐。今天,我们这些整日待在城里的娃终于也有幸体验了一把。

　　说实在的,我有些害怕这种光溜溜的小动物。看大家摩拳擦掌的样子,我壮着胆子,跨进充气泳池,里面一条条泥鳅灵活地游来游去。我刚站稳脚跟,两条泥鳅便从我的两脚缝隙间钻过,哎呀! 好滑! 泥鳅黄褐色的皮肤上,点缀着一颗颗大小不均匀的黑点,我的脚上痒痒的,像羽毛滑过,我不禁咯咯地笑了起来。

看着大家捉了一条又一条,我却呆在水中,挪不开脚步。胆大的融妞早已捉了好几条,又都放了。她看我脸上浮现出紧张的神情,便偷偷把一条泥鳅放到了我面前,看见眼前的泥鳅,身子扭来扭去,触须微微动着,我实在是没忍住尖叫道:"啊!"融妞却很得意地笑了,朝我说:"你太胆小啦,先试试捉小一点的泥鳅吧!"我听取了她的意见,终于弯下腰,俯下身子,学着别人的样子,看准一条泥鳅,两手一合,嘿,小泥鳅顺水逃走了。我并不灰心,打算再捉一条,但它们实在太滑了,而我内心又很害怕,想着:万一它咬我怎么办?万一它跳到我身上怎么办?万一……万一……没办法,斗不过它们,我只得放了它们。

听小卓说,他捉了三十五条,彤彤、小孟、休休,也个个脸上洋溢着喜悦,想必一定都抓到了。我又不甘心起来,接着尝试。我选中了一条躲在角落的小泥鳅,趁它不注意,用手堵上,这下,小泥鳅无处可逃了,只得乖乖进入"牢笼"。终于抓到了一条,我到处宣扬,像中了大奖似的,笑得合不拢嘴。可新的问题又来了,如果不放了它,也许它会没气的吧?看着手中可爱的小泥鳅,我十分不舍地放了它。

慢慢地，因为天太热了，水被晒得越来越烫，泥鳅是要生活在稀泥里的，而这些泥鳅完全暴露在水中，再加上水温升高，又被大家追来逐去，捉住后反复捏呀揉呀，有些已被大家玩死了。我不禁同情起它们来。它们在被捉到的那一刻，拼了命地挣扎，想要重新获得自由，所有的生命都是一样的呀。有一条被捉到放在杯里的泥鳅，凭借巨大的努力，竟然跃出了杯子，它不想成为"井底之鳅"，它不想一辈子困在这狭小的空间。但当它真正跳出杯子时，感受到的不是希望，而是绝望。它跳到了桌子上，没有水，没有泥，它连蜷缩着呼吸都不可能了。

幸好在整个活动结束后，丁妈妈抱着小如意，带着大家去绣湖公园把泥鳅都放生了。小如意看着被扔进水里的泥鳅说："小泥鳅要去找妈妈。"我想，那些死去的生灵，就再也见不到它们的亲人了，真是罪过罪过！希望那些被放生的泥鳅，余生在水中，自由自在，快快活活地度过每一天吧！

戏泥鳅有感

植物染之美

楼夏语

植物染是一种历史悠久的传统印染艺术，在古代颇为盛行，可随着时代的不断更迭，科技的不断进步，植物染逐渐被其他染色工艺所替代。

漫步在小巷中，突然看见远处一幢房子中，从天井里"伸"出了几根竹竿，立在众多房屋之间，很是显眼。轻轻地推开门，走进去一瞧，天哪！那高高的竹竿上，竟然挂着一匹又一匹蓝印花布！一阵风轻轻拂过，那蓝印花布如同一双温柔细腻的手，抚摸着我的脸，舒服极了。这蓝印花布是我最喜欢的，它正像祝勇先生所说的"不仅有色泽，还有温度"，沉稳，温静又亲切。

植物染的制作程序很复杂。想要把这块帕子染好、染美,第一道工序就是煮"染料"。这时,几盆热气腾腾的染液已摆在我们面前,是小红阿姨在我们上课之前就煮好了的。

大家都围成一圈,桌子旁"人浪汹涌",我就只能站在后面等着。大家手里都拿着已经扎好了的手帕,有的五花大绑成一个不规则的球;有的给手帕的四角扎了辫子;有的层层叠叠折成个三角形,用木棍子紧紧夹住。在帕子上系着长绳,郑重地写好自己的名字。每个人都希望自己手中的手帕花样是独一无二的。

当一个个扎好的帕子从锅里拿出来时,它们身上便已着了色,大家又从桌子那边涌了过来,我十分幸运,第一个就抓到了我的帕子。我心里既紧张又激动,小心翼翼地取下了皮筋。啊,居然这么美!我欣喜若狂,举起帕子挡住眼睛,阳光投在手帕上,让那金黄的颜色又添上一分色彩。我将手帕挂在绳子上,退后几步看,哇!那么多五颜六色的手帕放在一起,就像一幅五彩的画卷。孟珂帆的手帕染得十分有艺术感,她以粉红为底色,把手帕扎起来,又放入黄色中,晾干之后展开来,那黄色像极了几片叶子,而那粉红色——就当是粉色火烧云吧!何休的手帕也十分好看,她也是先用了粉红作底,再在上面添加黄色,就像是几团黄色的云朵,又似几块黄黄的棉花糖,让人看了就嘴馋。我的呢,则是用了扇形的式样,再在空白的地方加了些粉红点缀,看起来就像是白色的阶梯,又像是太阳投下的光芒。总之,各有各的美,各有各的不同。

植物染,现在已经被列为非物质文化遗产,希望它能重新被人们发掘,被人们喜爱。

自 然 染

孙紫睿

暖夏的阳光温和地照着,照得我都有些睁不开眼。系在树梢的布绳上,挂着未干的染布,正迎风飘荡。

古老的中国,无论皇室贵族抑或是平民百姓,都喜欢身着有色彩的美丽衣服。神农氏尝百草时,不仅发现了植物的药用价值,还发现了浪漫的植物染。皇帝的衣装上常出现红、黄、紫三色,一代女皇武则天则钟情于石榴裙,在当时风靡一时,它是用茜草、红花、苏木染出的正红色,热情奔放,充满活力。

茜草的鲜艳、靓丽,使人不禁联想到少女的美好青春。

耀眼的黄色,多是由栀子染成的,可不是栀子花,而是栀子花的果实。栀子果实不同于花的纯洁与素雅,它更加绚丽，色彩丰富、明亮。简直难以想象，它们竟然曾经生长于同一个枝头。

神秘而奇异的紫色，是由紫草染成的，工艺十分繁复。物以稀为贵嘛，这使得贵族十分钟爱紫色，紫色也因此成了华丽高贵的、如梦似幻的代名词。

当然，我认为最美的当数蓝色，用蓝草熬汁上色，这是遥远的天空和广阔的大海的颜色，是一种可以无限广大又无限深入的美。它浩瀚，它深沉，它稳重，它浪漫，它淳朴，穿在身上，仿佛立刻能使人安静下来。与留白搭配，更让人产生无尽的想象。

将白色棉麻布用皮筋扎紧，投入植物染料中染色，这是扎染。不同的扎法能呈现不同的图案，植物染最迷人之处，就是你永远也不知道，染出来的图案究竟会怎样。也许会失望，也许是惊喜。看见别人都染得有模有样，脸上挂着笑容。我小心翼翼地打开自己的作品，哇！像极了初升的太阳，背后是瑰丽的彩霞啊！将染布在阳光下晾开，晒着晒着，布上的颜色越来越浅，太阳像隐没在雪白的云朵中了。

植物的淡淡清香弥漫开来……

寻找薄叶润楠

朱铿谕

　　早晨，太阳刚刚起床，我和融妞就准备好要去找薄叶润楠了。听说薄叶润楠很奇怪，很与众不同，它厚南薄北，南边树叶长了很多，长得很茂盛，北边却很稀少。看来它喜欢的事就尽全力做，不喜欢的事一点儿也不管，好像跟它没关系似的，任性！

　　穿上草鞋，踏着溪流，我们跟着丁丁爸爸逆花溪而上。早晨的溪水冰冰凉凉，湍急的水从脚边流走，很是刺激。两岸树木环绕，但是薄叶润楠很少见，花溪这一带也只有几棵。

　　走了一会儿，丁丁爸爸站在一棵沿岸生长的树旁。薄叶润楠找到了！我俩开心极了，三下两下跳到树前，哇！

好高呀！树干又粗又壮，上面有很多斑点，还有树皮的纹理密密麻麻的，很像乌龟的龟壳。一些青苔长在上面，远看皱巴巴的，有很多裂痕。树干的颜色各处不一样，除了苔藓的深绿色，还有灰白色和灰黑色，大概是树皮破裂的缘故吧。

丁丁爸爸折了两枝，给我和融妞各一枝，它的叶子像花似的向外长，枝头绽出一朵朵灿烂的"叶花"。从正面看叶子，叶脉清晰可见，摸起来硬硬的，像塑料似的。一些树叶上还有虫子咬过的洞洞呢。最奇特的地方就是它的叶子，叶尖有锯齿，下面却是光滑的。从上往下摸，有一种疼痛的感觉。

把那两根树枝拿回民宿，我们就开始看卢老师画画。"月月，"融妞叫了我一声，"我们折的不是薄叶润楠。""啥？"冒着被蛇咬的危险去折的树枝，竟然折错了？那我们折的是什么？我们去问三姐，三姐告诉我们这是青冈，和薄叶润楠很相似，但仔细跟薄叶润楠的图片对比，确实不一样。青冈的叶子是有锯齿的，而且叶脉是交叉生的。薄叶润楠就不同了，叶子的边缘很圆润，叶子是成双成对，肩并肩向上生长的。它们虽然都有"绿色花瓣"，但青冈的整根枝条，依次长着叶子。薄叶润楠的"叶花"呢，交汇成一把扇子,叶与叶保持着距离,高低错落。真想折一枝来,在炎炎夏日里,扇来凉风习习。这"扇子"油光发亮,绿意盈盈。整棵树看起来像高楼大厦,层次分明,楼层都数得清楚。

薄叶润楠暖暖的花还挺好看的,但花期并不在7月。从图上看,一束束黄绿色的花,开在枝上,花骨朵争先恐后地跑出来,其中一朵已经变成了小花。洁白的小花开在茎上,玲珑可爱。山风像母亲似的轻轻抚摸着它们,它们将要变成大姑娘了。

我们开学后的两个星期左右,薄叶润楠的种子成熟啦,现在薄叶润楠的种子还是青色的,像年幼的"小男孩""小姑娘",它们高高挂在枝头,探索着新世界。慢慢地,它们会长大,会成熟,由青色变为黑色,头上还顶着一个"小绿帽"呢! 风一吹,它调皮地摇来晃去,像马上要掉下来似的。有趣! 薄叶润楠真可爱!

诗经中的芣苢

楼夏语

  《诗经》里曾有记载："采采芣苢，薄言采之。采采芣苢，薄言有之……"读着这首诗，我仿佛看见一群穿着粉红衣服的姑娘，在大路旁边或山林里采集着芣苢，她们一边唱着朴素的山歌，一边欢快地采摘着芣苢。不一会儿，她们的箩筐里、竹篮中、裙兜内，装满了鲜嫩的芣苢，映着她们红扑扑的脸蛋，绿得更绿了，红得更红了。

  这诗中所说的芣苢，就是车前草。

  车前草之所以被称为车前草，是不是因为它必须要生长在车的前方呢？如果你这样想，那就大错特错啦！

  相传，汉代有一位名将叫马武。一次，他带领士兵出征打仗，却因不熟悉地形而打了败仗，被敌人围困在一个荒无人烟的地方。时值夏天，正是一年中最热的季节，士兵们和战马饥渴交加，大都因此肚子胀痛、尿血，随军郎中诊断为"尿血症"。但没有清热利尿的药，郎中也无能为力。一个名叫张勇的马夫，偶然发现有三匹患有尿血症的马不治而愈，感到很奇怪。之后一段时间里，他便仔细观察着马的活动，发现附近地上有一种牛耳形的野草快被吃完了。他想，大概是马吃了这种草治好了病。为了证实这一想法，张勇便拔了一些自己服用，果然，病情慢慢好转。于是，他便把这种草推荐给马武，马武大喜，问道："这种草生于何处？""大车前。"张勇答道。马武立即命人将药采来，煮成茶水，让士兵们喝下。士兵们的病情果然有所好转，马武心中大喜，笑道："好一个车前草啊！"车前草由此得名。

大盘山下，树木葱郁，绿林成荫，路边的草丛中，探出许多中草药植物的脑袋。我和伙伴们戴上草帽，向着山的更深处走去。一群人打闹着、嬉笑着走，很快，就有人离开了队伍，朝别处走去，找到了想写的草药。不一会儿，很多人都找到目标了，在自己那株草药旁坐了下来。就只有我们"北京三小妞"没有"归处"了。可几乎哪儿都找过了，就是没有车前草的影子啊！想起三姐说过车前草到处都有、我心里正着急，三姐就来了。她可谓是真正地"仔细观察"，一眼就找到了藏匿在树丛中的那株车前草。那株车前草小小的，只有几厘米，与那高高的树丛相比，简直是老鼠和老虎的差别。车前草的叶片是椭圆形的，外围有一些皱痕，中间还有几处被虫咬过的破洞，下面接近根部的地方，甚至还显出一些微微的淡红，朴素中不乏一点动人的美。

车前草的种子上长满了密密麻麻的籽，一个个挨得很紧，长成一串串的，像是大冬天时的我们，聚成一团，相互取暖。掰下一粒来看，不过只有一粒米饭的大小。这种子浑身绿绿的，像裹了一件绿色大衣似的。

像这种随处可见的草本植物，一般不会被人特别留意，估计现在也极少有人知道它们是一种草药了吧？它们就这样任由人们踩踏而无怨无悔，默默发芽，长叶，开花，结籽。

相比古人，我们离自然真的有些遥远了。

寻草记

孙紫睿

"诸药所生,皆有境界",磐安是江南著名的药谷药镇。除了深山老林之外,草地边,大路旁,处处生长着药草,几乎遍地都是各种药草。

平板溪边的路上,也随处长着各种药草,沿民宿继续向前走,是一大片空地,黄中有绿,浅的绿,深的绿,黄绿,翠绿……偶尔也有几个虫子朋友来这儿歇歇脚,喝喝茶,聊聊天,谈笑风生。我是准备找蒲公英的,我以为它是最常见的。于是我满怀希望,一蹦一跳跟着大部队寻觅要找的药草去了。

"哎,我找到了!"一语惊醒梦中人,已有人找到了自己想写的药草。于是所有人不再漫无目的地游走,仔细地找了起来。我寻寻觅觅将近找了快一半地了，可还是没有找到那小小的蒲公英。"奇怪，"我心想，"蒲公英平时常见极了的，只要有土有水有光的地方就应该有它的踪迹啊？"我不免有些疑惑，但也管不了那么多了。眼看大家都纷纷找到了自己想找的药草，我有些着急了！那不就是"蒲公英"吗？眼前突然出现一株目测有一米多高的"蒲公英"，它低垂着脑袋，一副无精打采的模样，像是还没睡醒似的。我连忙奔过去，仔细看，这小花苞如同有条理的绿色花盆中种植着的雪白色的小花，手摸上去毛茸茸的，仿佛是丝绒毛毯上的细绒毛一般柔软。已经绽开了的像雪球一样，一团一团的，白花花的，一吹就散，那些"小伞兵"乘着风飘向远方，飘得那么远，仿佛要去远方旅行。我认定了它就是蒲公英！于是我大叫："找到了，找到了！"璐璐闻声赶来，说："这不是蒲公英，这是藿香蓟！"我听了她的话感到有些绝望。这个不是，那哪个才是真正的蒲公英呢？我低着头带着几分失落继续向前寻找。可惜，我怎么都没找到蒲公英。当我发现长得与蒲公英叶子极其相似的植物时，我眼睛都亮了，内心不断祈祷，希望这是蒲公英，我无比紧张，同时还有几分激动。"咔嚓！"璐璐用手机一拍，唉，这回又不是，是翅果菊，我完全绝望了。

三姐带着我向越来越远的地方走去,找找路边的杂草丛,没有。只有一些不知名的杂草与几根狗尾巴草,在微风中摇动着,那么寂静;只有平板溪的水声与人们的闲聊声,那么淡漠。

　　我叼了一根狗尾巴草,漫步在田间,忽然又听见璐璐叫着三姐的名字:"三姐,这里有'马松子',也是一种药材!"我们闻声急忙赶过去,这是一种能止痒退疹的药草,但是在《本草纲目》中,没有记载关于马松子的资料。这样的一味良药,不骄傲,不自大,默默地不被人知晓,也不愿沽名钓誉,它要继续这样平凡下去吗?马松子的茎是黑红色的,叶子修长,叶脉也不那么复杂,种子像绿色洋葱一样,有着玲珑小巧的淡紫色花,那么不起眼的野草,人们若是看到了,也只是随意看一眼就走过去了。马松子还有一个别名叫作"野路葵"。植物名字中,我所知道的带"葵"字的植物的花都是黄色的,比如秋葵、向日葵,可野路葵却是紫色的,令我百思不得其解,或许是我太孤陋寡闻了吧!

　　7月23日,我在磐安寻药草,聊记。

通泉之草

孙紫睿

有过昨天白天寻草之旅的经验后，所有人都在昨晚信心满满地找到了自己的药草。我找到的是通泉草。通泉草，顾名思义，难道是通向黄泉的药草吗？吃了便能通向黄泉，通向天堂吗？对于它的名字，我有无数个问题。

这小植物，如若是人工栽培的，能长出成片成片的花海，如同多彩的被子一般覆盖在大地上。但如果是野生的，便不怎么常见，如果有，也只是几株而已，长得极小，常被人认为是野花。通泉草的花有许多种颜色，一般常见的有淡紫色、蓝紫色、黄色、白色。这小东西的茎是嫩绿色的，叶子的绿有深有浅，叶面上黄绿色的脉络简单、不复杂，叶片是水滴状的，还有波浪形的边缘。花苞浅绿色，里头包着一个小包子一样的圆东西。而花谢了还留在枝头的花托,不仔细看,很容易让人以为那是一朵绿色的花,它也长着几片尖尖的"花瓣",只不过里面已经空空如也,什么都没有了。因为它的花已经凋谢落下,钻进土里,成为下一代花的肥料,落花成泥了。

通泉草的种类极多,有匍茎通泉草、长匍通泉草、金花通泉草等。匍茎通泉草一般较矮,整株草都趴在地上,向四周展开,扩大,再扩大。有时长出很远,茎上又会生根,非常茂盛。它们三个五个聚在一块儿,一簇簇,一丛丛,满眼的紫色扑面而来,映入眼帘,浪漫极了。长匍通泉草一般会长得较高,它是向上长的,越长越高,最高可达四五十厘米,枝叶向外伸展,开几朵白色小花,脸上长几粒黄色"雀斑"。金花通泉草开的全是金黄色的花,在阳光照射下,闪着金光,金灿灿的,就像珍贵的金子,花形有些扁扁平平的,像人的嘴唇。从上往下看,还有些花与展翅的鸟儿相似。日本作家柳宗民在《杂草记》中记载:"通泉草,日本名为'紫鹭苔',是玄参科多年生草本植物。"这个名字很像一位女士,而且是一位远离俗世隐居山间的女士。

通泉草生命力非常顽强,它喜爱潮湿环境,"通泉"意味着它的身边常有水源。把通泉草拔起来,在阳光下曝晒一两个小时也不会死去，就算是枯萎了，放在水中，它还能继续存活下去。今天我的那棵通泉草就是这样。我将它整棵泡在水中，原本没有开出花的小花苞，竟意外开出了一朵淡紫色小花，那么清新淡雅，给人一种恬静的感觉。

通泉草全身都是宝，因为全草都可以入药，用来解毒、健胃及止痛，还可治头疼、烫伤、脓疮。

通泉草，平凡而普通的野草，美丽而优雅的药草。

何首乌，首可乌

楼夏语

高耸的大盘山旁，平板溪叮咚作响，像是在演奏一曲优美的音乐。在这大山中，最为常见的就是草药。

有时，脚边的一株随处可见的不起眼的小草，可能就是一株价值不菲的人参！你看！我脚边就有一株药用价值极高的植物——何首乌。

何首乌的藤蔓在风中飘荡，从蚂蚁的角度看，就像是一只只绿色的、心形的风筝在空中飘动。了解过何首乌的名字由来后，我知道在唐代或唐代以前就有何首乌了。关于何首乌的传说有很多，其中一个是这样的：唐代的何田儿是个平常百姓，因他从小体弱多病，年至五十却还无儿无女。一日，何田儿醉酒走至田中，挖出了一个稀奇品种的植物,看上去像极了市面上卖得很贵的人参,何田儿满心欢喜,挖了几根回家,把它切碎,每日服用少许。没过几天,何田儿的病就痊愈了,接连生了很多儿女,自己也活到了一百多岁。后人便用他的第三代子孙"首乌"之名,加上一个"何"字,称那植物为"何首乌"。何首乌和花生、土豆一样,"果实"都是长在地下的,有所不同的是,何首乌的可食用部分其实就是根。它块状的根很肥厚,长长的,呈椭圆形,全身都是黑褐色的,下面有几根伸出来的小根须,就像我们的牙齿掉落后露出的牙龈一样。我在新闻上还看到有娃娃形的何首乌,眼睛、嘴巴、手、脚都很全,就像一个十全十美的胖娃娃!甚至还有小熊样子的何首乌,和游乐园里抓娃娃机里的熊娃娃一模一样!最奇异的是一个背着箩筐的小药童模样的何首乌,小药童身上背着的箩筐的条纹都非常明显,简直像是刻上去的一样!有人说,何首乌还有人形的,吃了可以成仙。鲁迅先生小时候就在百草园里挖过何首乌,把园里泥墙都挖坏了,却始终没有挖出人形的何首乌。可现在人们真的发现了人形的何首乌,这也可以算是一大奇观了吧!明代李时珍云:"此药流传虽久,服者尚寡,直到嘉靖初,邵应节真人,以七宝美髯丹方上贡,世宗肃皇帝服饵有效,连生皇嗣,于是何首乌之方,天下大行矣。"这段话的意思是："此药虽然流传了很久，但食用它的人却很少，直到嘉靖初年，道人邵应节上贡了七宝美髯丹，世宗肃皇帝食用之后有很大的效果，接连生下皇嗣，于是何首乌的药方才在老百姓之间传开。"原来何首乌的流行，还和世宗肃皇帝有很大的关系呢。

何首乌的叶子最具特色，这使我今天一下子就找到了它，它在一丛绿叶中最为醒目。它的叶子是心形的，外围一圈有像波浪一样的皱痕。几张何首乌的叶面上都有黄色的椭圆的斑点，如果对称在一起就像瞪大的眼睛一样，摘下一片凑近看，不免让人有些惊悚。

何首乌的药效极好，能使人白发还乌，身体变得健壮，真是一味好药呀！

何首乌·首可乌

姬女菀，一年蓬

周 悦

菊科植物有很多种，也有很多可以做药，给人治病。

一年蓬的日本名是姬女菀，还挺好听的。不过学名就有那么点奇怪了，是 erigeron annuus，它还有很多名称：明治草、御维新草、铁道草……铁道草？是长在铁道边上的草吗？当我看到《杂草记》里面的记载时，一切疑惑都解开了，它之所以叫铁道草，是因为种子会随着火车沿铁道飞到别的地方。我很高兴，得到了一个有趣的新知识。

姬女菀有个双胞胎姐姐，叫虾夷菊，和姬女菀长得很像，但也有不一样的地方。姬女菀的花瓣是淡淡的紫色，而虾夷菊是用来插花的，我妈之前买过，所以花店里的都是虾夷菊。再继续看《杂草记》，我还知道了姬女菀的生长速度迅猛，不及时清除，就会越长越多，越长越高大，可见它的生命力极强。

我走在乡间的小路上，寻找着姬女菀的身影，到了一棵小树边，正仔细观察着。"快看，是姬女菀。"璐璐姐叫道。我赶紧跑过去看，只见璐璐姐手指的方向有一株很像虾夷菊的花，有半人高，花瓣很小很细，像是一根根立起的线，又像一根根立起的细针管。它的花很可爱，是淡紫色的，小小的，有中指的一节那么小吧！

姬女菀的叶子有的像枫叶，有的细细长长的。我和璐璐姐找到的姬女菀的叶子比较细长，像竹叶，但又像枫叶的缩小形状。它很难找，因为杂草和它一样高。姬女菀可以全草入药，用于医治消化不良、胃肠炎、齿龈炎、毒蛇咬伤等。

姬女菀是菊科植物，我最爱喝的菊花茶里的菊花也是菊科植物。奶奶做的菊花茶是最好喝的，喝起来有股淡淡的香，她把花园里的菊花摘了一箩筐，放在家里的阳台上，晒得没有一点儿水分，变成了枯黄的颜色，然后又把它们用水煮一会儿。当奶奶把菊花茶给我的时候，我惊奇地发现，原本干巴巴、被晒干的菊花已经变得水淋淋的，在水下开出了雪白的花，张开了嫩嫩黄色的花蕊，难道它有起死

回生术？我十分不解。不知道姬女菀开出的小花能不能

泡茶喝呢？

锦衣夜行叶下珠

朱铿谕

　　吃过早饭，我们踏上了寻草之旅，我需要找的是马鞭草，它的叶子不像平时我们所见的，边缘是圆的。马鞭草的叶子弯弯曲曲，不规则，找了许久没找到。像这种不常见的草，即便是漫山遍野地寻，也不容易找到吧。"找到啦！"不知在哪个地方响起了一阵声音，大家都不再聊天嬉戏，自顾自地找了起来。我也不例外，寻寻觅觅，但连马鞭草的影子也没见到。转眼，许多同学已经找到了，他们已经画了一半，我只能在一旁干着急。忽然，三姐走了过来，帮我一起找，又找了一圈，还是一无所获。最终，寻草之旅告一段落，我只能去观察叶下珠。

　　一开始，我还有点不情愿，因为马鞭草是我昨天去博物馆时就定下来要写的,我可不想换一种。可百寻不得,只见到这儿一丛,那儿一丛的叶下珠,不得已,只好改写叶下珠了。我细细地观察叶下珠,慢慢发现叶下珠也很好,越看越喜欢。叶下珠,顾名思义,肯定是因叶子下有果实而得名,且果实像一颗颗小小的珍珠。我们找的地方有许多叶下珠,原本我以为是含羞草,它的外形和含羞草很像,但它可不会"害羞",在炎炎夏日里,它依旧生机勃勃,春意盎然。

叶下珠的每一片叶子都是小小圆圆的,边缘有一圈紫红色的"线",隐隐约约能看到浅浅的叶脉,我怀着好奇心把它揉成团,在纸上来回滑动。原本青绿色的条痕变成了深绿色。叶下珠虽小,却依然为夏天增添了几分绿意。

叶下珠的茎和其他植物不同,是紫红色的,有些刚长出来,如同女孩的胭脂一样,粉红粉红,摸起来有点粗糙,像长了许多小毛。叶下珠的特色当然是"珠",这"珠"可是叶下珠的种子,它们很小很小,跟小米粒差不多大,一个个很小很小的"珠子"挂在叶下,路人很难发现,只有那些细心的人才能发现。它们十分可爱,像一个个玲珑可爱的小药童,在树叶间欢乐嬉戏。瞧!那颗小种子正在玩滑滑梯,在树叶的叶脉上滚动,仿佛要滑下来似的。它们不仅像小药童,还像锦衣夜行的女人,在月明人静时,穿着一身美丽纯洁的连衣裙,独立在天地之间。没有多少人能品味出她的美,她独自绽放,独自结出果实,只有大地知道,只有流水知道,只有爱着她的人知道。

叶下珠不仅奇特,还可以入药呢!叶下珠的根弯弯曲曲的,很细很细,比一支普通黑笔画出来的还细一点。它们相互交叉、重叠,如果把它单独拔出来,可以入药,可以消炎解毒,作用可大了!

叶下珠,一种平凡的草,在一片绿意中很难找到,但它神奇,充满许多奥秘,这种植物怎么会不让人喜欢呢?

锦衣夜行叶下珠

可爱的糯米团

朱铿谕

　　昨天傍晚，还没找到植物的心心、紫睿和我一起去找草药。已是傍晚时分，落日的余晖洒在我们身上，习习凉风吹过，十分惬意。小道旁长了许多植物，大部分都可以入药，在一个不起眼的角落里，有一小片植物成群地生长着，我赶紧叫三姐来拍一下。原来是糯米团，多么可爱的名字呀！我决定要写这个啦。

　　这植物对生的叶间有黄的橘的小花抱成一个个球，点缀着整片绿叶，很像一个个小小的糯米团子，难怪会有一个这么可爱的名字啊！

　　糯米团的叶子有点奇怪，不是颜色或形状奇怪，而是它的叶脉。它的叶脉很不规则，其他植物的叶脉要么是直的,要么是弯的,而糯米团的叶脉有直有弯,有些原本是直的,后来又变成弯的了。摸起来有些粗糙,放在阳光下看,还可以看到一些零零碎碎的小毛。我撕开一小片,它的叶脉却没被撕破,叶脉上也有小毛。我碰了碰这个可爱的小家伙,它轻轻摇摆着,似乎在向我问好。

晚上睡觉时,我还在思考,朦胧中我闭上了双眼……

我试图努力向上伸,可还是在原来的地方丝毫未动。怎么回事,现在我是一棵植物了吗?过了几天,我的脚伸了出来,其实那是根。哦,我终于懂了,我变成了糯米团,要经历它的一生。渐渐地,一天又一天,我一直在生长,我已经钻出泥土,露出了小脑袋。早晨我迎着第一缕阳光,喝着甘甜的露珠,这是一天新的开始。中午到了,我可最讨厌烈日了,糯米团喜欢阴凉潮湿的地方。哦,天呐!我的叶子已经枯萎了,太阳再大一点,我的叶子就要枯死了。等一下! 怎么忽然就不热了,抬头一看,一株成熟的糯米团在我的上方为我挡住了太阳。咦,这不就是我画的那一株糯米团吗?它的品行还挺好。

"谢谢你!"我不好意思地说道。"没事,保护自己的孩子是应该的。"她笑了笑,温柔地说。"啥?我是它的孩子?好吧。"

随着岁月的流逝，我一天天地茁壮成长，如今已是一棵健康的糯米团，看着我的好伙伴被采摘了，我很疑惑，也很伤心。我的渐渐衰老的"妈妈"，带着沙哑的声音解释道："它们都被拿去做药材了，我们糯米团不仅名字可爱，还很实用呢，我们可以清热解毒，健脾清暑，对人类的作用很大。"原来我的作用那么大，搞得我都不想变回人了。

"起床啦！"我睁开双眼，原来是场梦啊。

花溪昆虫记

朱铿谕

夏日到了,知了在树上叫唤,许多昆虫也活跃起来,蜻蜓和蚊子也不例外。

有一年暑假,我和爸爸妈妈还有天天,一起去露营,露营地点是我外婆家附近的那座大山。那天,我们早早起床,经过半个小时的车程,终于到了。我和天天还没等车停稳,就跳下去。哇!这里空气好新鲜呀。青青的草地,各式各样的花,没有一丝污垢的蓝天,真是一幅美丽的画卷。这是我第一次亲近大自然,感觉好极了。

伴着丝丝凉风,我们上山了。我和天天跑在最前头,蜻蜓和蝴蝶伴随着我们。瞧!那对蜻蜓忽上忽下地飞,速度能和风相比。"嗖"的一声,其中一只蜻蜓一转眼就不见了。天天拿着一个黄色抓捕网，这边一扑，那边一抓，玩得不亦乐乎。我呢，被一只小虫吸引了，是萤火虫吗？我从没见过萤火虫，只知道它夜晚会发光。那只小虫围着一株草转圈，当它起飞时，尾部有土黄色的透明"灯管"，只有它起飞的那一刻才能见到。这是我第一次见到这么多昆虫。

当我看见磐安花溪的昆虫后，不由得暗自赞叹。花溪游客多，植物多，昆虫更多。随处都能听见不绝于耳的蝉鸣声，连下大雨也不曾停歇。蜻蜓不只是飞在水面上，还飞在一幢一幢民宿之间，在人群的头顶上盘旋。刚来花溪的第一天，丁丁爸爸就抓到一只硕大的天牛，不是黑色的，竟是金灿灿的。同样硕大的还有蝴蝶，乍一眼看上去，还以为是缓慢飞行的燕子。

今天，我和融妞在画画时，突然听到"呀"的一声，我被吓了一跳，急忙过去看看。只见她趴在一处草丛旁，在看着什么。她看见了我，急忙招呼："瞧！那里有两只蜜蜂和一只蝴蝶，它们在打架。"我蹲下来，扒开一处碍眼的草丛，果然发现一朵花上有两种小虫，在争夺花朵。争花大战即将开始，占领上风的是蝴蝶。这是一只黑蝴蝶，身上有斑斑点点，虽说是斑点，但也有规律，看起来美极了。另一方是蜜蜂，两只蜜蜂像在花上盘旋，发出嗡嗡声，过了好一会儿,蜜蜂等得不耐烦了,在蝴蝶的翅膀下,转来转去。大盘山的蝴蝶不一样,比我们以前所见到的蝴蝶要大一些,翅膀异常宽大。那只蝴蝶的翅膀是透明的,上面有细细的黑色纹路,有一两个黄色点点在透明翅膀里穿梭。蝴蝶被搞得有些烦,扇了扇翅膀想把蜜蜂赶走。可这两只蜜蜂似乎喜欢上了这种花的花粉,倔强得很,飞了起来。它们使出了"必杀技",伸出毒针,刺向蝴蝶,那只蝴蝶像是什么都没看到似的,悠闲地停在花蕊上面,俯视下面,很有女王风范。蜜蜂把针头对准蝴蝶,前后晃动,有一次差点碰到了蝴蝶的头! 蝴蝶招架不住,只好扑闪着翅膀"逃"了。融妞看完后就走了,我留下来继续观看。这两只小蜜蜂兴高采烈地采蜜,别提有多高兴了。

没有创作灵感的我拿起网,跟着低段的孩子们一起捉蜻蜓,哇! 蜻蜓好多啊,忽上忽下,忽高忽低,怎么也抓不住。"捉到了!"小宗喊道。我急忙走了过去,一只蜻蜓被套在网里,老师把它的翅膀抓住,把网拿开。一只蜻蜓捉到了,后来龚震恩又捉到一只。没想到轻盈的蜻蜓竟然那么容易就被男生抓到了,我试着用网去捕,但它要么就是飞太高,要么就是飞太快,怎么也抓不住。有一次我捕到一只,看都没看就抬起网,扑向另外一只,那只落网的蜻蜓趁机飞走了,太可惜了。

说蘑菇

楼夏语

　　春天,雨季过后,从湿润的泥土里探出了无数个小脑袋,之后的短短时间,长成了一把把小伞。在我们的记忆里,童话中的蘑菇一般都是有着红色的伞盖,上面涂着几个白色斑点,下面躲了一只小松鼠的。童话绘本中配的都是这种插图。难道所有蘑菇都是这样吗?肯定不是的,每种蘑菇都是不同的。

　　磐安,盛产香菇。饭桌上经常有香菇的踪影。来磐安花溪游学的前几天,几乎每天晚上都会有红烧香菇。我第一次尝到它,并不觉得它很好吃,只是有着香菇该有的味道。可后面几天,照例是红烧香菇。我觉得它的味道越发香了,也越发好吃了。或许这就是磐安香菇的魅力吧。

平日里，我最喜欢吃的并不是香菇，而是白蘑菇。白蘑菇浑身雪白，菌伞极厚，摸起来十分光滑。妈妈经常用白蘑菇切片来炒肉和青豆，味道很好。青海草原上的白蘑菇是纯白色的，像张开的伞，但更多的是像大铁钉一样的。这种形状的白蘑菇被当地人称为"钉子蘑菇"。青海蘑菇炒起来，比平常的白蘑菇味道更饱满，更鲜美可口，要是能吃到青海本地的蘑菇，那就太好不过了！

金针菇，是火锅和烧烤中必不可少的，我也极爱金针菇。金针菇的菌盖小小的，有些滑，表面有一种胶质薄层。把金针菇放进锡纸盒里，再放到火上烤，烤至冒泡即可。这时的金针菇表面已经有些焦黄，嚼起来很有嚼劲。金针菇吃完，再装上一碗香喷喷的米饭，把锡纸盒里的汁水浇到饭上，搅拌均匀，整碗下肚，吃得干干净净，会有整个人都在云端漫步的感觉。吃火锅时，把整盘金针菇全倒进麻辣火锅中，待金针菇煮熟后捞出，配上汤汁，再配些米饭，吃得人神清气爽。吃的时候过瘾，可是我总会在后面一天，整个嘴唇都肿成香肠嘴，连话都说不出来。

汪曾祺的《菌小谱》中写到了干巴菌，这段文字让我一整天都感到恶心："这东西像一个被踩破的马蜂窝，颜色如半干牛粪，乱七八糟，当中还夹杂了许多松毛（马尾松的针叶）、草茎,择起来很费事。"我一读到这段文字,嘴巴就会发苦,像是被塞了一坨干牛粪!

今天我还吃到了秀珍菇,它就像一把破损的扇子,在没烤之前是黄白色的,烤过之后有了些炭黑色,吃起来一股子焦味,还有一点臭,不是很好吃。但为了体验不同菇的不同口味,我还是勉强把它吃下去了。

时光的味道

说　菇

孙紫睿

　　蘑菇,特别是来自森林里的野生菌菇,极为鲜美。到了雨季,整片空气里就全是蘑菇的气味了,有淡淡的清香味,有隐隐的咸腥味儿。

　　磐安是"香菇之乡",餐桌上总有香菇的身影。个个比瓶盖还大,菌盖是深棕色的,那颜色中还略带点黑,配上农家独有的秘制酱汁,夹一个滑入口中,油油的,弹性十足,咸中带甜,弥漫着香菇特有的浓郁气息。但也会有人说那是一种腥臭味儿,有人就是受不了这种气味,始终拒绝吃蘑菇。

　　烧烤香菇的滋味,我更喜欢,保留了一部分香菇原有的滋味,保留了一丝甜,鲜甜与胡椒碰撞,撞出了一片火花,竟有一丝烤肉的味道,令人回味无穷。

金针菇全身洁白,身姿纤细,看起来那么娇弱,风一吹就会倒了似的,真像那《红楼梦》中体弱多病的林黛玉,弱不禁风。只有它们都聚集在一块才能站稳脚跟。风吹金针菇,那金针菇变得更加轻盈了,菌盖小得只有米粒的大小,有的甚至比米粒更小,小得不能再小,快看不见了。金针菇是火锅店和烧烤店里最为常见的菌类,我格外喜欢那种用锡纸烧烤出来的金针菇的味道,很有嚼劲,就是有点难以消化。

没想到黑木耳也是菌类,这是最近几天才知晓的,以前都只是单纯地觉得它好吃。外婆家的凉拌黑木耳是我记忆中印象最深的一道凉菜,也是外婆的拿手好菜。黑木耳浇上外婆做的秘制酱汁,吃上一大口,嫩滑爽脆,滋味鲜美,整个人都仿佛有了精神。凉拌黑木耳实在是百吃不腻啊。黑木耳对心脑血管很有益处,还能消化掉误食腹中的毛发。之前在森林里见到过黑木耳,黑中有黄,长势茂盛,有的张开着,有的蜷缩着,皱巴巴的。

有一种鸡腿菇,状似鸡腿,虽说没有什么鸡腿味儿,但是撕下来那一丝一丝的样子,和鸡肉丝特别像,炒起来吃真有点肉的滋味。我母亲和姐姐十分喜欢吃这种菇。

我有幸在林子里见到过野生的，长在树上的蘑菇。那淡黄的小巧玲珑的模样，真是可爱。又小又扁又薄的菌盖那么细嫩，一厘米不到的菌柄，实在是太小太小太小了，那天正好下了雨，到现在那不知名的野生菌一定长大了不少吧。

　　白蘑菇矮墩墩的，它全身灰白色，和口蘑很像。就是菌柄的长短不同，口蘑的菌柄稍长。这两种蘑菇用来制汤是很美味的，据说比鸡汤还要鲜美。

　　查资料的时候，偶然看到有一种叫网盖红褶伞的蘑菇，菌盖是淡粉色的，有一种独特的香气。菌褶粉红，就连它的孢子也是淡粉色，真是有趣。

烂漫落苏

孙紫睿

江浙之人,管茄子叫落苏。

"紫色树,紫色花,紫花谢了结紫瓜,紫瓜柄上生小刺,紫瓜肚里装芝麻。"自6月开始,茄子便有收获了。4月初播种,月末种秧。把黄色的、扁扁的种子播下,两周左右便会发芽,秆会逐渐变粗,移栽到田里后,一个月便会开花,天气变热就开始结果,十天左右就成熟了。

隋炀帝曾给茄子取了个华贵的名字——昆仑紫瓜。茄子是深紫色的,还带一丝蓝色,十分油光锃亮,显得格外的新鲜饱满。

但是呢,亮眼的表皮里面却是像海绵一样的,柔软的肉。所以有人这样形容茄子"味美如酪酥,香润似脂膏,食色像玛瑙"。茄子嚼起来软软的,老少皆宜,是许多人非常喜欢的蔬菜,什么地三鲜、红烧茄子、酱爆茄子,甚至还有茄子饼、茄子比萨。当然最负盛名的还是《红楼梦》中的"茄鲞":茄子去了外衣,切成碎丁子,下油炸了,并各色干果子都切丁,鸡汤煨干,将那香油收了,上糟油,封在罐里。若要吃时,用鸡瓜一拌便是。如此高级的做法,在凤姐看来,只是寻常,真是令人叹为观止。

　　我并不是茄子的忠实粉丝,相反,我对茄子敬而远之,再多的"修饰",都无法改变我对茄子的坏印象。那种一入口便软塌塌的、烂烂的滋味,实在不是我所爱的。倘若让我来吃《红楼梦》中的茄鲞,不知会不会从此改变对茄子的看法呢?

　　常见的茄子是紫色的,很宜入画,明艳中自有一种静谧,是很多蔬果所没有的气质。茄子也有白银色的,特别素雅。在南方,茄子是细长纤瘦的,和南方人一般亭亭玉立。而在北方,则是胖胖圆圆如紫球一般,和北方人一样壮实。相比"橘生淮南则为橘,生于淮北则为枳"的橘,茄子要随遇而安得多。

野李涧边生

楼夏语

　　山涧水潺潺地流过，蝉成群结队地爬上树梢，准备新一天的演唱。一棵李子树上长着几颗青涩的小家伙，它们缀在枝头，风吹过来，枝条便开始晃动，几个小家伙也摇摇欲坠。"啪嗒"，水面溅起水花，一个青色的还未成熟的李子，顺着水流向下，愈漂愈远。

　　这是一棵生在水边的野李子树，它的枝条和其他树的枝叶缠绕在一起，为水中的鱼儿们提供了更好的躲避处。在枝条稀疏的地方，会漏下斑斑点点细碎的日影。有一根枝条从上向下生长，末端的那些叶子像是一只手，伸向了水流的方向。它是一位绅士，殷勤地为溪水小姐指路。李子树上的叶子，与其他树不同。几乎一根枝条上的每一片叶子都会有一两个细小的洞,这无疑就是虫子们的杰作。一根枝条上的每一片叶子的姿态也都不一样,它们按照自己的喜好所生,没有任何拘束,它们只愿做那最独一无二的叶子。

李子树的花,白且娇小,花瓣全白,无杂色,倘若一只白蝴蝶飞入李花丛中,大概谁是谁,都傻傻分不清了。

李子,才是整棵树的核心。一个李子的一生,会在颜色上发生巨大变化:李子刚结出来时是青色的,随后慢慢变成黄色,再变成红色,最终熟透变成了红紫色。红紫色的李子最甜,里面的果肉全都"霉烂"透了,入口即化。我最喜欢吃的就是这样的李子。

"下雨啦!"不知道是谁喊道。顿时,所有人都狂奔起来。这种突如其来的雨最让人措手不及。但对植物来说,这是一阵甘露从天而降。山里的雨,来得快去得也快。没过一会儿,这雨就停了。我又回到了李子树的旁边,太阳出来了,阳光照到青李子上,反射出很透亮的光泽,每颗李子看起来都闪闪发光。

关于李子,还有一个人们耳熟能详的故事:相传,竹林七贤之一的王戎,七岁时,与伙伴们在院中玩耍,看到一棵李树上面结满了李子。其他小伙伴都去摘李子了,唯独王戎没去。一个伙伴问他："你为何不去摘李子？"王戎思考了一会儿，说："这棵李子树长在路边，如果李子是甜的，早就被人摘走了。现在树上还有这么多李子，这一定是苦李。"同伴们半信半疑地摘下几颗李子来吃，果然很苦，大家都啧啧称奇。

风儿吹过，吹动了李子树的枝条，又有几颗青色的、还未成熟的李子落了下来，落入了水中，顺着水流而下……

时光的味道

楼夏语

夏日,稻谷黄了,望一眼金灿灿的稻田,便能想起丁妈妈说过的许多故事。

小时候,每当稻谷收割完毕,丁妈她们便会跑到田里,从地上捡起一棵棵稻穗存起来,这是专门为了拿去换糖烊的。"卖糖烊,卖糖烊"的吆喝声一旦在田野、在弄堂中响起,她们便会纷纷捧着自己拾得的谷子去换糖烊吃。这种乐趣是我们现在这些要什么有什么的孩子永远感受不到的。

这些天,又到了稻子收割的时候,一穗穗沉甸甸的稻谷在阳光下闪闪发光,丰收的稻田让原野变得更加灿烂。人们将粳米收割下来,准备做糖烊。在义乌,这种风俗已有上千年的历史。糖烊，是盛夏之时解暑充饥的甜品，冰冰凉凉，裹着一股子稻米和红糖的幽香。要先将粳米泡在水里，泡到一捏就碎的程度，放入石磨中，磨出一桶白白的米浆，再往米浆中加入熬好的白糖和红糖。为了使糖烊的口感更细腻，可以再过滤一遍。将过滤好的米浆放入蒸笼，当然蒸笼中是有纱布铺着的，防止米浆一泻而下。这期间米浆会有一次巨大的蜕变，它们将从会流动的黏汁变成凝结的糖烊。糖烊蒸好后，并不像别的糕点那样要趁热吃。它的吃法与其他糕点正好相反，需放凉之后，才能品出它的甜而不腻，它的润又坚韧。一口糖烊含在嘴里，唾液可以将它迅速融化，但整块的糖烊，又显得弹性十足，颇有一些嚼劲。

糖烊有很多种口味，我最爱吃的还是红豆糖烊。颗颗红豆不规则地分布在糖烊上，透过表面只能看见内里若隐若现的暗红色。一刀切下去，一块块糖烊上，嵌着一圈圈的红豆，已经跟糖烊的颜色混为一体。糖烊的黏性不算太强，可我把糖烊在塑料杯里晃了晃，只晃了一圈，杯壁上便留下了薄薄的黏黏的糖烊。我小心翼翼地咬了一小口，便有一种冰洁的口感在唇齿间回荡，我又咬了一大口，嗯——甜糯香醇，咬一口软糯，松一口回弹，细腻柔软的糖烊本身再加上粉粉的、充满豆香的红豆陪衬，这简直就是神仙组合，总会让人回味无穷。

制作红豆糖烊的原材料十分简单，不过就是豆子与谷子的完美结合，这两种最原始的农作物，竟也能做出这样好吃的糕点，这正是义乌人民的智慧啊！

一碗绿豆汤，一份清凉

楼夏语

要说夏日解暑的最佳饮品，我定选绿豆汤。

绿豆汤，绿豆汤，不用说就知道，它是用绿豆煮的汤。盛夏时期，天气燥热，这是人们最容易上火的时期，妈妈每天都会盛几碗冰冰凉凉的绿豆汤给我喝，用来清热解毒。7月14日，我和妈妈去菜市场买菜，路过一家卖豆类的铺子，我让妈妈买些绿豆，回家做绿豆汤喝。妈妈就买了好多绿豆。

我帮妈妈洗绿豆，颗颗绿豆泡在水中，小巧玲珑，沉在水底，挨挨挤挤，密密麻麻，没有一丝缝隙，仿佛整个水底都要被挤爆了！装绿豆的碗盛满水，放在通风处，紧紧地等待着这些绿豆饱涨起来。"看啊！绿豆变大了！"这些绿豆从一个个小蚂蚁大小的小不点,渐渐成了指甲盖大小的绿色精灵,又像一朵一朵绽放的美丽的花,涨满了整个碗。

"煮绿豆喽!"把绿豆加水放入锅中,开大火烹煮,一颗颗涨得饱满的绿豆在水里翻腾,逐渐爆开,里面的果肉脱离了它的皮,自由地在锅中舞蹈。慢慢地,从锅中飘出了绿豆的清香,在空中弥漫。"呀!漫出来了!"汤汁溅到火上,发出了"嗞嗞"的声音,妈妈赶紧冲了过来,将大火转成中火,让它慢慢煮。"煮烂了才好吃!"妈妈总这样说。快好了的时候,往锅中加几颗蜜枣,再让它沸腾一番,把蜜枣煮得软软的,最好"皮开肉绽",方可盛出。

出锅了。连锅带绿豆,整个儿放进冷水中,浸得透心凉,再盛出一碗来,用勺子慢慢搅拌,用鼻子细细地闻,绿豆的清香中带有几分蜜枣的香甜,再仔细品味一番,软糯的绿豆一入嘴就化开了,别有一番风味。

一碗绿豆汤,是盛夏最好的一份清凉。

黄豆,被称为"田里长出的肉",可我觉得,绿豆也不差。它自然也含有很多营养物质,比如蛋白质、矿物质……况且在我的味觉中,绿豆的味道是黄豆远远不及的。

冰　粉

孙紫睿

烈日下，冰粉铺子热闹非凡，不过是一辆略显破旧的三轮车，周围几张小桌，围一圈小凳。一碗吃毕，喉头清凉，众人一抹嘴，拍拍屁股离去，带走一身的清凉。

Q弹的冰粉，在炎炎夏日颇受人们的欢迎。制作一碗冰粉，时间是很漫长的。从"冰粉树"上采集加工出冰粉籽，装在袋里，一遍又一遍揉搓，渗出黏稠的汁水，盆里汁液渐渐变得黄了些。手搓的汁液，往往盆上浮着些白絮，加上石灰水，慢慢等两个小时，自然凝固，淋上糖汁，拌些葡萄干、山楂片、花生碎之类的作料，酸甜适宜的口感实在让人叫绝。

当然，搓冰粉的过程可谓是十分有趣的。起初，就像搓衣服一般，搓几下，捏几下，后来越搓手越黏，满手像是被鼻涕……啊不，是被香香的蜂蜜裹满。袋里搓过后的冰粉籽仍然还"青春永驻"，与起始的那个小小的棕色的样子差不了多少。水中无缘无故多了黏稠的、有些浑浊的汁水，让人百思不得其解。

结成固体的冰粉，像一块冰块似的，趴在我手上颤巍巍的，但却不冰，咬一口，啊！嫩滑爽口，如果冻，如丝绒，入口即化，要是配上褐色的红糖汁，岂不更妙哉！在第二锅冰粉凉好后，我又满怀期望装了一杯，天啊！这才是真正的冰粉，冰凉香甜，红糖汁的甜蜜与冰粉的清凉，糯糯地、凉幽幽地滑下喉咙，实在令这个夏天充满了幸福感。

听说"冰粉树"的花、种、叶均可入药，还具有祛痰、清热解毒的功效。真是一种神奇的树啊。

冰冰爽、透心凉的冰粉，在炎炎夏日，谁会不爱呢？

楚楚秋葵

孙紫睿

秋花最是秋葵好,天然嫩态迎秋早。

这是一种奇特的蔬菜,湖畔书院楼顶的空中菜园就有种植,长了好几株,主干一节又一节的,叶子弯曲往下垂,叶边有微小的尖尖的锯齿。在阔大的叶子的遮挡下,有个像在捉迷藏的秋葵娃娃,小羊角似的挂在主干上,表面披满了细腻的茸毛,摸上去柔柔的。

一个秋葵,颜色并不尽然相同,是那种自然而然形成的渐变色,像造物主特别赐予它的美丽外表,越到尖头颜色越深。它们的模样和辣椒非常像,可以说像有血缘关系的兄弟姐妹,唯一的区别大概是表皮。秋葵的表皮因为长满茸毛,所以有些粗糙,青辣椒的表皮光滑细腻,有微微的光泽，简直像刚做完面膜。

秋葵可以长得很高，现如今菜园里有一棵就显得非常巨大，又长又粗，像剑一样朝着天空刺去，只让人觉得豪情万丈、壮志满怀！

秋葵花此时还有盛开的，精神抖擞，五片浅橙黄色的柔软的花瓣，薄如蝉翼，好似风一吹便会破裂，那样娇嫩，像美丽的少女，肤似凝脂，几近透明，楚楚动人。

横切片的秋葵像一朵绿色的小花，五扇"小窗户"开着，"窗户"里伸出了五个黄色的小小脑袋——那是秋葵的种子，多可爱呀。

竖切的秋葵被分为两半，黄白色的秋葵籽，一粒粒躺在绿色的床上，悠闲自在。

我实在品不来秋葵的味道，有些黏，令人作呕。它的花那么美，整棵植株也神采奕奕，果实壮实可爱，没想到味道竟然如此怪异。看着有些人蘸着酱料，津津有味地吃着秋葵，真觉得不可思议。

还有人特地做了秋葵蒸蛋，被切成五角星一样的秋葵像小花一样摆在鹅黄的蒸蛋上，美极了，可爱极了。凑近闻一闻，淡淡的香味飘进我的鼻子里，只觉得这道秋葵蒸蛋，色、香、味俱全。我迫不及待地舀了一勺，才尝一口，便忍不住又想掩嘴。看来,我与秋葵,怕是没什么深的缘分了。

一转身,看到妞妞津津有味地吃着秋葵,我真有些疑惑,到底是我的味觉不对,还是她的味觉有问题呢?

秋葵,真是叫人又爱又恨啊。

分裂的秋葵

朱铿谕

第一次吃秋葵，是在一次家庭聚会上，厨师烧了好几道带有秋葵的菜，水煮秋葵、鸡蛋秋葵等。当时我并不知道秋葵这种食物，看它长长尖尖的，以为是大辣椒。我哥哥吃了，我也跟着吃了一个，呕！太难吃，一开始，没什么感觉，慢慢地有点涩，还有一点黏性。哥哥说挺好吃的，而我从那以后，再也不肯吃秋葵了。

秋葵的花还算好看，淡黄淡黄的，有的比丝瓜的黄花还大一点点，有五片花瓣，次第穿插，围成一圈，像大海卷起的浪花。纹路很是清晰，似蝴蝶的羽翼，轻薄、晶莹剔透，似乎一点儿也经不起风吹雨打。

湖畔楼顶菜园里就有秋葵，有一株和我差不多高，顶上还开了小花,玲珑可爱。往里看,可以看见花蕊边蓝紫色的花基,蓝色和黄色是对比色,两相对照,黄色更加鲜艳,蓝色也愈显深沉了。我还听说,黄色是最招虫子喜欢的颜色,我们上去看的时候,还有许多蚂蚁在上面悠闲地爬着呢。所以呀,秋葵花根本不用担心授粉的问题,蜜蜂、蝴蝶,一定常常来秋葵之家做客。外表清纯的秋葵花,其实也暗藏玄机呀!

除了花,那植株上也还长着果实,个个硕大、饱满,按上去硬邦邦的。这都是秋葵中的奶奶辈了吧?若一片片切开,都可以听见噼里啪啦的声音了。凑近看,秋葵的表皮披着一层白色的茸毛,很细腻,很密集。秋葵是数字五的忠实粉丝,表皮上有五道棱角线,横切开,像五角星一样可爱的"小小花"里面刚好有五个"房间",每个房间里有一颗种子,它们安安稳稳地被黏液粘在那,像一个个听话的乖宝宝。

秋葵有很重的"香"味,一股刺鼻的"香"味,在我闻来简直像农药,令人作呕。但秋葵的花有一股淡淡的清香,不细闻是闻不到的,这种淡雅的香气,和百合花有些相似。秋葵花和秋葵,一个有着淡雅的清香,一个却有着一股怪味,本是同根生,为啥气味却相差十万八千里呢?

今天中午，我们就吃了两道带有秋葵的菜，一道是清水捞秋葵，一道是秋葵鸡蛋。秋葵鸡蛋很是好看，在一片果冻一般的蛋黄中略有几朵绿色的"小花"，看起来很可爱很有趣。但我们绝对想不到这么好看的秋葵鸡蛋，吃起来却那么令人反胃。原本受人欢迎的鸡蛋，加了秋葵后，竟沦落到大部分被剩下的地步，唉，真可怜！

香榧志

孙紫睿

　　东坡先生有言："彼美玉山果，粲为金盘食。"说的就是香榧，被誉为"干果皇后"的香榧。

　　香榧之所以被称为香榧，据说还跟舜有关。当年舜为了躲避朱丹的迫害，与娥皇女英逃入会稽山，靠食野果度日。舜下会稽山会百官，两位妃子饥饿难耐，忽然闻到远处飘来异香，便寻香发现一位老妪在炒野果。原来这位老妪是舜的母亲，得知娥皇女英受难，便下凡来搭救她们。于是，两位妃子把种子留下种植起来。舜死后，两位妃子投湘江而死，后人以"湘妃"称之，于是榧民便把她们留下的树称作"湘妃"树，久而久之，"湘妃"就成了"香榧"。

　　花溪景区是有很多香榧树的，一棵棵高大又挺拔，分出无数枝条。粗壮苍老的主干上爬着些淡绿色的青苔,树干摸上去还微微有些湿润。树皮相当粗糙,类似松树的树皮。细枝又抽出叶子,叶子的排列与叶下珠有几分相似,只是香榧叶子更加长,两片针形小叶向外长,叶尖上有小刺,摸上去扎手的,叶子对生,很是整齐。背面有白色的叶脉。整片叶子油光发亮,在太阳的照射下,显得更加亮些。

香榧树也分雌雄,结了淡绿色果子的是雌树,雌树比雄树的枝叶更为茂盛。景区森林中有好多雌树,有一棵分成了两对半,从上面看便像两棵树,然后分出一枝又一枝,长了叶,开了花,结了果。这儿的榧树,有的结的果密密麻麻,有的结的果稀稀落落,很是参差不齐。

雄树是不长果子的,但是它给雌树带来那么多"生命的希望"的花粉,也是很伟大的。只有授了粉的雌花才能顺利结出果实。当风在森林中吹拂着,吹着各种树木,花啊,草啊,也吹着香榧树,榧叶摇着舞着,雄蕊花的花粉便随着风纷纷扬扬飘在空中,有的落在别的植物上,而有的正好落在了雌花的花柱头上。雌雄花的开花时间相差一两天,一不小心,雌花就会面临无粉可授的危险,所以榧农们会采用人工授粉的方式来保证香榧的产量。野香榧全靠自然授粉,要结出果子是多么不容易呀!

"青蓬蓬，蓬蓬青，不开花，结铜铃。"很多人肯定以为榧树是不开花的，其实不然，只是榧树的花较小，隐蔽，不易找到。雄花像椭圆形的小蛋糕，表面嵌了许许多多密密麻麻的花粉，像裹了一层甜蜜细小的糖颗粒，看着非常好吃。雌花更有意思，花上的柱头，像极了晶莹剔透的露珠。

香榧是一种美味的坚果，味甘性平，还可润肺止咳。长在树上的香榧和我们平时见到的有些不同，已经可以吃了的香榧是榧树的种子，它比长在树上的香榧要小。因为从树上摘下的榧子要去了皮，再经过炒制，去了壳后才可在嘴中咀嚼，味道微甜，有咸香，香脆酥鲜很是坚硬。

剥香榧壳也是有讲究的，要按住香榧壳上的两个突兀点，得用力按，才会打开，这两个点叫西施眼。大概是方法没用对吧，我得用牙将壳咬开，才能品尝到里头的美味。

为什么香榧上的两点叫西施眼呢？传说是越王勾践在将西施送到吴国前，对西施和郑旦进行考核，考核的题目是如何将榧子打开，郑旦把榧子敲得粉碎，而聪明的西施找到了香榧上的两个突兀点，轻轻一按，就打开了，于是后人就称那两个泪滴状的突兀点为"西施眼"。

野猕猴桃

周　悦

猕猴桃是野生藤木果树的果实,奇异果是从野猕猴桃中选育出来的品种。

猕猴桃是我最爱吃的水果,因为它口感酸甜,质地柔软。

猕猴桃有红籽的,有黑籽的;有红心的,有绿心的,还有黄心的。反正有很多品种,每个品种味道都不太一样:红心的最甜;绿色的有点酸;黄心的也就是普通的,有点酸又有点甜,但却是我最爱吃的。红心的太腻,酸的绿心猕猴桃我并不多吃,不然整个嘴都会麻掉的。吃猕猴桃的方法各有不同,比如切成一块一块地吃,或把它的皮削出来吃。我更喜欢把猕猴桃切成两半,用一把小小的花边勺子舀着吃，刮得干干净净的，只剩外面一个空壳。

我们来到大盘山深处，那里植株繁茂，品种相当丰富，有李子树，有香榧树，唯独没有看到猕猴桃树。我找呀找呀，突然看见了几个毛茸茸的，只有枣子那么大的果子，比一个乒乓球还小呢！这分明就是猕猴桃。我虽然看见了果子，却没看见枝叶，当我仔细找的时候，有人大喊了起来："看！那是猕猴桃树！"我顺着他手指的方向看去，一根弯弯绕绕的藤蔓，缠绕在树枝上，我心里十分疑惑，这就是猕猴桃树？原来，猕猴桃树是野生的藤木果树。哦，它不是一棵树，而是一根藤。

它的藤可真厉害呀！几乎附近所有的树都被它绕住了。它的藤很细，比我胳膊还细。但老师说，这已经够粗的了。它很聪明，把果实结在我们都摘不到的地方。它的果实还没有成熟，呈黄褐色，像一个个躲在叶子后面的青涩的小姑娘。果实上面有一片片叶子，形状有点像桃子，很好看。只不过虫子无情地在上面咬了几个洞，把这个艺术品毁了。虫子将它们变成了自己的艺术品，高高地挂在树上，几乎一片完整的叶子都没留下。

丁丁爸爸摘了几个猕猴桃下来，给了我一个。老师说："这个还没有成熟呢！有点酸，不过也是可以吃的。"我把这个猕猴桃给老师切开，我吃了一口，很酸，我不禁皱起了眉头。我觉得这个和梨子一起榨成果汁会好喝一点，因为梨很甜，两者加起来会又酸又甜。嚼一嚼，一颗颗黑籽在嘴里爆开，啪啪作响，口感特好。老师说，野生猕猴桃泡酒好。我记得我爸爸喝过，他说还挺好喝的。不过，我没喝过，只知道味道很香，让人着迷。

猕猴桃，我就像猕猴一样爱吃猕猴桃。

炒一炒栗子

周 悦

我最爱吃坚果了,所以我也爱吃栗子。栗子大概就是最好吃的坚果了吧!

在我的记忆里,秋冬季节,吃一袋热乎乎的栗子,是必不可少的。不过有时晚上贪吃,多吃了点儿,当然,后果可想而知了——闹一晚上的肚子。就算是这样也不能改变我爱吃板栗的心。

每次出去旅行,我都不忘带几袋,每次路过卖板栗的地方,我都会叫妈妈买。

板栗的样子,有点奇怪,像一个个畸形的小人儿,有的方方正正的,有的一半圆一半方,有的正常一点,可是那得百里挑一,千里挑一。如果你愿意,就自己花时间去找两边一样圆的板栗吧！用大铁锅烤的板栗最纯正。那样子像一个个张开大嘴的小娃娃一样，而且是山里的娃娃，黑溜溜的，还能摸到突出来的地方，那应该就是它的"骨头"吧！

呼！呼！一个出锅的板栗到了我手里，我的双手就不由自主地开始相互传递起来，我一下子就闻到它发出来的甜香，甜香中还带着一点焦的味道，是那么温暖美好。

不行，不能放太久了，我想，如果还不吃，那么就别吃了！刚烤出来的热乎板栗才不失风味呢。我把它掰开一点，它张着的嘴越来越大了。"啪"的一声，板栗开了，十分好看，外面黄，肉里面则是淡淡的紫色，越往里颜色就越深。我还看见其他人的板栗，栗心是有点深紫色的，看着他那欣喜的表情，准是不舍得吃。我吃了一口，外边有些脆，中间有点沙沙的，也更甜。板栗值得细细品味，细细感受它那种甜糯。它把自己最美好的样子，展现在我的面前，让人爱不释手，这小小的勾人心的板栗哟！

自然，我也炒过板栗。我以多年的"炒鸡蛋大王"的姿态面对栗子，太过骄傲，以至于轻视了它们。它们简直就是一群顽皮的孩子，跑来跑去，差点没把锅弄个底朝天！我也是恼了，想要用我提锅的绝招镇住它们。最后才发现，我连锅也别想提动。那一锅板栗中，可混着好多沙子呢！

不行，我要回家练一练，不能让它们小瞧了我。我以后不当"炒鸡蛋大王"了，我要当"炒栗子大王"！

银杏叶落

周　悦

　　大雪节气到了，天气还不见有什么大的变化，还是与秋天相差无几。银杏树上那金灿灿的叶子仍旧没有枯，高挂在粗粗的疏疏的枝上，时不时有几片黄叶扇子似的落下。

　　银杏并不是直直垂落下来的，而是像一张纸，轻轻地落到地上，又像是一个要终了的老人，有气无力地走向生命最后的时光。

　　并不是所有的叶子都是让人难忘的金黄。我见过寻常的银杏叶，一味地黄，一味地灿然。也见过几片奇特的叶子，虽然失去了纯粹的美，但长着一张令人过目不忘的面孔。在我看来，银杏叶是懂人心的，大部分人会喜欢寻

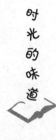

常之物,所以它们更容易被接纳,被认同。

当然,朴素有朴素的美,异样有异样的好,无论哪一片银杏叶,都饱含了生命的烂漫。它们走过春,走过夏,走过秋,最后走到冬天,或许只有这树上的叶子才真正知道一路走来的曲折与欢乐。

我在绣湖公园见着了很多很多的银杏。刚到时,只看见了绿树成荫,可深入进去,一大片金黄就映入了我的眼帘,在绿树中,脱颖而出。

我们走着,找寻着,除了大门口林立的银杏,公园里面也有不少。远远望去,一大片一大片的,走近了才看清楚,其实并不是林,只有五六棵,因为长得非常茂盛,几棵就成了树的海洋。这个季节,银杏宛若绝美的仙子,在人群中亭亭玉立,好像整个秋天与冬天的美丽,都是属于它们的。它们昂着高贵的头颅,仰望天空,俯瞰大地,风华无限,引得无数路人在树下痴痴张望,拍照留念。

银杏终究是落叶植物,这样灿然的绝唱之后,就会和其他树一样,变成光秃秃的了。不过没关系,等到春天来了,银杏又会张开一把把扇子,夏天、秋天、冬天,它将经历一次次轮回,生生不息。

蛩声满耳秋

孙紫睿

野草间，蟋蟀唱着，哀音似诉，唤起秋夜里的一丝悲愁……

乡间，茅屋窗外，秋虫吟着，那"喓喓，喓喓"之声，像一首美妙的交响乐。

年少时，几个小伙伴常三三两两成群，聚在一块斗蟋蟀。有时候，拥有一只打了胜仗的蟋蟀，或是一只远近闻名的蟋蟀霸王，是一件引以为傲的大事，和别的同龄孩童能吹嘘好几个星期呢。

蟋蟀这种小家伙，通体棕褐色，略带一丝黑色的小脑袋闪着微微的光泽，黑溜溜的眼睛格外有神，极其动人。两根细细的触须伸向天空，三对足有力地扑腾着，后腿上长着细细的尖刺,仔细看,能见着又细又短的茸毛。膜翅上细细金边纹路,一副大富大贵的贵公子模样。背部的花纹很是精美,大概是定制的完美大衣。

若是把两只蟋蟀关在一个狭小的空间里,别看刚开始还风平浪静,过不了多久,便会上演一场大战。风浪掀起来了,大概是开始抢地盘了。激烈时,整个小空间里零零落落的小叶子、小草儿,便都飞扬起来,两个小家伙伸着触角交缠着。不知什么时候,两只蟋蟀叠起了罗汉,压在上方的那个一定是占优势的一方,而下面那只则会找机会把身上的蟋蟀打开,倘若上方那只没有防备,会被打到空中,腾起好几厘米高。

中场休息时,一只精致的蟋蟀竟会对着"透明"的容器照镜子,欣赏自己的美貌,还时不时梳理一会儿尾羽。之后,两只小蟋蟀挠挠身子,重整旗鼓,再战。

明宣宗朱瞻基被后人称为"蟋蟀皇帝",他对蟋蟀十分着迷,以至于当时全国的人们都要找蟋蟀,一层一层又一层进贡给皇上。只要皇上喜爱这只蟋蟀,所有进贡的人,无论大官小官,都会过上好日子。一只蟋蟀,不知道引发了多少荒唐事件。

当然,也有许多关于蟋蟀的诗词,字里行间,都是蛩鸣声声,或思念,或愁苦,或凄凉,或辽旷,将小小的蟋蟀,变成了可以反复咀嚼的情愫的载体。

有蟋蟀的秋天,真是多姿多彩的秋天。

饼呀，饼

楼夏语

我对面食类的美食情有独钟，无论是面条、馄饨还是面包，都是我的最爱。

论起饼，我最爱的要数湖畔书院楼下烤饼摊阿姨烤的饼了。

这位阿姨在湖清门这儿摆摊已经有些年了，她略显发福，做饼时常围着一个深棕色的围裙，戴着一副蓝色的袖套，梳着齐刘海，扎一个马尾辫，让人一看就觉得她十分和蔼。

这几年，她一直推着一辆木车。这木车十分厉害，经历了这么久还是这么"风雨不侵"，而且这车的结构、布局也非常独特，两个轮子上架着一个铁炉，前面用两块木头固定,下方有一个口子,用来放多余的、已经用完的碳。炉子旁是一个操作台,操作台也是用一根木头支撑起来的,中间的空隙也不闲着,里面挡着一个白板,空的地方就用来放面团和作废了的饼。

这个阿姨做饼是一等一的高手,她总会先从一大团极其蓬松、软绵的面团中揪出一小团来,用两手的大拇指边转边捏,还时不时地粘些面粉,等捏到一定的大小、厚薄时,她便拿起勺子,舀一些葱花,放在一大筐肥瘦相间的肉的一角,将它们拌到一块儿。肉有白有红,中间夹杂着深棕色、黑色的霉干菜,再衬上点点绿色,光看着这馅儿就已经让人口水直咽了。阿姨用勺子舀起两勺馅儿,堆在面团上,像是堆起了一座小山。她左手大拇指按住面团,右手逐渐把它包成一个非常圆的球,不到半分钟的时间,一个扁扁的面团就华丽变身成一个"大胖小子"了。马上,阿姨就给这"大胖小子"减了肥,拿一根擀面杖把肉团擀成薄薄的圆片,面团里的肉和葱渐渐显出了颜色,整个饼变得红绿白各色相间。

终于可以进炉子里烤了。阿姨用一把刷子给大饼的一面迅速刷上水,用手直接将饼贴在炉壁上,又在外皮上刷上水,这饼瞬间被火"征服"了,外面这层皮上迅速鼓起几个包，不到一分钟，饼的边缘就成了深黄色，慢慢地，中间也鼓起了点点的深棕色，到了这种程度，这饼估计就烤好了。

拿起一个饼，边缘上焦焦的黑色还未脱落，上面飘着浓浓的蒸汽，趁热乎乎的时候咬上一口，虽然很烫，但烤饼的香味直往嘴里冲，这架势，简直挡都挡不住。仔细看饼的馅儿，两边的皮薄如蝉翼，中间的肉粘在了皮上，待饼稍凉了些，一大口咬下去，瘦肉的嚼劲和肥肉的软弹中还夹杂着白糖的甜香，有人或许会发出这样的疑问：甜和咸混在一起会好吃吗？我却认为，这样的吃法甜而不腻，简直是绝配。

路过饼摊的人，无论是匆忙赶路的行人，或是刚放学的小朋友们，还是带着孩子的妇人，都愿意驻足买上一个饼，吃着热乎乎的美食，总是一件令人幸福的事吧。

我妈妈有一个好友，她是外国人，在她的家乡，有一种十分美味的饼，这饼里面没有任何馅，只是在皮上撒了一层白芝麻，吃起来十分有嚼劲，口感也不会很干，每次过年去她家时，总能吃上几个。可自从上学以后，我便再也没有时间去她家玩儿了，也好久没有吃上那饼了，现在回想起来，那时的饼还真是美味呢！

童年的回味

周　悦

　　那一次，我终于又看见了豆腐皮包。其实，以前我一直以为那是春卷，但爷爷说那是豆腐皮包。

　　有一年，大年初一的晚上，大厨爷爷给我们烧了很多很多好吃的，亲朋好友都来蹭吃，要知道，我爷爷是所谓的神厨呢！别人请他来做菜他都不去，平时也做得平平常常的，只有在大年初一的时候才会大显身手。

　　爷爷做的菜都是有灵魂的：辣椒炒肉的灵魂是青椒，没有了它，这一道菜就平淡无味了；饺子的灵魂不在于里面的馅，而在于醋，蘸了醋，一入嘴，让人食欲大开，是一个非常好的开头；对于青菜来说，它落入爷爷的手中，简直就是不幸中的万幸了，因为别人再怎么讨厌的菜，他都可以让那人完全爱上那个菜。生抽青菜是我爷爷的拿手好菜，加了生抽的青菜不能炒太久，只能炒一两分钟，这样才会是脆的，呈现出它最好吃的样子。像我这个吃了青菜就想吐的人，都因此馋上了那一道菜。

大年初一，爷爷先端上来两道菜。那是前菜。嗯，好像是春卷。虽然你们看着觉得并不奇怪，但对于我来说，这太奇怪了！因为我爷爷从不会炒两盘同样的菜。我问过他为什么，他只说了两个字："多余！"我对那两道菜非常好奇，究竟是春卷呢，还是别的什么菜呢？我忍不住动了筷子，尝了尝左边那道菜。嗯，味道好极了！外焦里嫩的，而且，咸淡也搭配得很好。蘸了点爷爷亲手配制的辣酱，里里外外都透出湖南味儿，但好像又和春卷不太一样。我又夹了另一道菜，用筷子戳了戳，对比了一下，唔，右边那个更脆一点，我把它掰开，细细品尝，果然不一样！爷爷做春卷的手法我可是知道的，面皮里面裹上馅儿丢进油锅里一炸就好了。但右边的，虽然馅和包的手法一样，但是是煎的，因为有一面会比另一面颜色深一点儿，但不仔细看很难看出区别。不过我还有一个能分出它们的办法，一个是用面皮做的，一个是用豆腐皮做的，看上去虽然一样，但是口感大不相同。当然还有一点，我可是仔细看过的，春卷是用面皮做的,自然不会是透明的,而另一个是半透明的,还有一种豆腐所独有的香味儿。

有了这几个特点,我便放心地去找爷爷问了。我和爷爷说了我的看法,爷爷哈哈一笑,指着左边的菜说:"这个是春卷。"又指了指右边的菜说:"这个是豆腐皮包。"

"哦!"我似懂非懂地点了点头,"豆腐皮包是什么呀?"

我的这句话把爷爷问得哭笑不得。爷爷说:"和春卷一样嘛,就是外面包的是豆腐皮嘛!"

我一脸懂了的样子,又吃了一个豆腐皮包,沉醉在豆腐皮那股香脆里。我心想:"这可比春卷好吃多了。"我最喜欢吃豆腐了,可以说是豆腐的忠实爱好者,有豆腐的菜我基本都吃过,现在又出来一个豆腐皮包,怎么会不爱呢?我吃了几个星期都没吃腻,直到爷爷又变出了新花样,才放下了它。

这一放下就是一年,因为只有新年才能回老家,说起来现在还蛮想念的呢。外面的豆腐皮包就是比不上爷爷做的豆腐皮包,可能是因为想爷爷了吧,也可能是对故乡的一点思念吧,这种情感太过复杂,连我自己也有些理不清,道不明了。

童年那舌尖上的美味还能吃几回?一转眼,爷爷的手

童年的回味

变沉重了,不会像以前那样变花样做给我们吃了。爷爷以前有一双灵巧的手,上下一翻转,就能做成一个豆腐皮包,现在是不可能了。

有一天,母亲也做了豆腐皮包给我吃,但似乎少了一点儿什么。今天,吃着国学馆里大家一起做的豆腐皮包,我又想起了爷爷。什么时候可以再尝到爷爷做的豆腐皮包啊?这样想的时候,我的眼眶瞬间红了。

回忆像一张残缺的纸,但那种独属于爷爷的豆腐皮包的味道,留着他掌心的温度,永远让我忘不了。

神秘的云朵

宝葫芦

孙紫睿

我姓王，叫王新。我是一个小学生，虽说家境不怎么好，但是我家有一个顶神秘的"传家宝"，就是一个大葫芦，尽管外形不怎的，可我娘说，这是仙人赐给我太太太太……太爷爷的，因为太太太太……太爷爷是一位忠心辅佐皇上的大臣，从不干亏心事，仙人非常感动，便将这大葫芦由皇上托付给了太太太太……太爷爷，太太太太……太爷爷得到了宝葫芦，便要啥就有啥，俺们家就一天天富裕起来了。

太太太太……太爷爷死后，又将大葫芦传给了他儿子——太太太……太爷爷，然后一代又一代传下来，传到现在，传到了我爷爷手上。

　　说来也奇怪，这大葫芦，每天必须浇三次水，不能多，也不能少，仙人说，浇多了会腐烂，少浇了会干。每隔几时，还要晒太阳，晚上晒不了太阳，要把它抱上床，先盖上一片大的葫芦叶子，不能是枯的，一点儿枯的地方都不能有。每周要有两次给它唱歌……为了这个破葫芦，我们全家都忙得不可开交，生怕出了一点儿差错，大葫芦永久变回普通葫芦，就无法再让我们家继续富裕下去了。有了这个宝葫芦，我再也不愁考试考不好了。每次考试，我只要伸出手指弹一弹那已被我缩小了不知多少倍的，桂圆般大小的葫芦，试卷便神不知鬼不觉地写满了答案，黄豆大小的字一笔一画写得工工整整，没有一点儿涂改，作文还写的一级棒，真是了不起。当我自信满满地把卷子交给老师时，平时凶神恶煞的老师立马目瞪口呆，面容马上温和了许多，笑盈盈地看着我。

　　几天后，成绩出来了，我考了全班第一，作文还成了范文，被老师夸了好几番，全班的同学都对我崇拜不已。我无比开心，想象着拥有这个神奇葫芦得到的各种甜头。

　　直到有一天，我在画画，本想让宝葫芦帮我画一幅更加精美绝伦的大好山水图，可无论我怎样用力拍打它，大叫着："葫芦！葫芦！快给我变出一幅画来！"它都无动于衷,好像坏了一样。我猛地想起,昨天考完试,一回家就一直玩啊玩,忘了给葫芦浇水。我突然既害怕又紧张,传了千百年的宝葫芦,不会就这样成了毫无用处的普通葫芦了吧?

放学后,我慌里慌张地将它带回家交给爸爸妈妈检查,这万般不幸的事情竟然真的发生了。宝葫芦彻底告别了我们的生活。不知道为什么,爸爸妈妈竟然也没有怎么苛责我,他们一屁股坐在椅子上,长长地吁了一口气。

我们把它扔在了门前的老槐树下。

如今,那个葫芦呀,早就烂了吧,颜色像土一样黄,身上还有几处灰,就像身上全是灰尘的小孩子,摸上去滑溜溜的,敲一敲,还有"咚咚咚"清脆的响声,和普通葫芦没啥两样。

从那以后,我们家虽然没有从前那么富裕了,但还是过着不错的生活,每个人都依靠自己的双手劳动,爸爸妈妈都找了工作,我继续努力学习,有着不错的成绩。

我终于明白为什么爸爸妈妈长长地吁出那口气了。没有了宝葫芦,我们家也完全可以继续好好生活下去,而且再也不用围着那个葫芦,心惊肉跳地生活了。

神秘云朵

楼夏语

一百多年前的一天，一望无际的天空中，飘来了一朵巨大的"云朵"，正好停在了 H 市上方。究竟多大呢？大到一百个成人睡在上面还有空余之地。怎样个"正好"呢？它不偏不倚地停在了 H 市上空，连 H 市和 I 市之间的交界线都碰到了，却又不超出去。这一切都是这么恰到好处，仿佛有人在操控它。这巨大的"云朵"来到 H 市的上空时，人们都惊慌失措，匆忙跑回家中，又跑出来，把外面晒着的衣服收了进去，大家都以为要下雨了，以为一场大暴雨就要来临。又过了几分钟，外面一点儿变化也没有；一个小时过去了，还是没有动静。

在 H 市的西郊，住着一位巨人，他有一个城堡一样的房子,他是H市里最大的人。遇上这样的大事,市长当然要请他来帮忙。巨人直立着身体,看见那巨大的"云朵"竟然是一座小岛,小岛仿佛一个漂亮无比的花园,园里的花儿开得正盛,树枝上还有鸟儿鸣叫,却不见一人,这让巨人感到奇怪,这仙境一般的花园从何而来呢?

巨人马上把这个消息告诉了市长,市长又把这个消息公告给全市人民。大家都知道了,云朵中有一座花园。

从发现这座花园直到现在,竟然没有人敢上去看看,尽管有许多人开始着手研究这个小岛。因为大家发现,时间一年一年地过去,H市的一切人、物都在改变,可岛上的花、草、树木,从未有一丝一毫的变化,所有的东西,就像活着的标本。

一天,H市的上空传来了一声呐喊:"大家——快——上——来,空中——小——岛——花——园——欢——迎——你——!"四面八方的人们听到这个消息,先是震惊不已,终于有人按捺不住好奇心,从家里拿了梯子,用梯子一把一把接起来,架到了小岛上,人们排着长队,一个一个爬了上去,岛上的风光是多么美妙啊! 各种各样的奇花异草,没过了头顶。人走在小路上,就像被鲜花包围着一样。小岛的边缘,有一座小树屋,小树屋建在一棵很高的树上,要爬一段很长很长的楼梯，大家都累得气喘吁吁的。在爬了一百层之后，终于有了一个小平台，沿着平台往前走，出现了一座巨大的木屋，大到可以容纳 H 市所有的人。穿过木屋，来到后院，玻璃似的晶莹剔透的"泥土"里，长着各种奇异无比的鲜花。每一朵花瓣都不一样，像是精雕细琢过的，花蕊中间，都睡着一个小小的仙子，它们的脸上，都洋溢着灿烂的笑容。

花仙子们将人们带到一张巨大的、一望无际的木桌旁，喝了一杯热乎乎的茶，人们就都昏睡了过去，睡得天昏地暗。不知道睡了多久，等所有人醒来后，小岛已然不见了，这巨大的"云朵"终于不在 H 市上空了，H 市又恢复了昔日的景象。

就像这朵云、这座岛、这奇异的花园从来没有出现过一样。

最后一根小喵冰棒

朱铿谕

炎炎夏日，站在街头，等待着车子的到来。

"你要吃一根冰棒吗？"一只花斑猫走过来问道。我吃了一惊，天空灰蒙蒙的，我看不清它的样子，但从声音可以推测，它一定长得很甜美。

"这是猫婆镇最美味的冰棒。你如果不吃，永远不知道世界上还有一种冰棒叫小喵冰棒。"

"嗯，是的，我很久没有吃冰棒了。"

于是，我从它戴着碎花手套的手上，接过快要融化的冰棒，吃了起来。甜滋滋的，入口即化，冰冰凉凉，我忍不住多吃了几口。啊！吃到了什么呢？巧克力！这可是我的最爱。

没过多久，冰棒吃完了。可是，这是出生以来做过的最后悔的事。因为，紧接着，我就感觉全身发痒，然后"扑哧"一声，我头上长出了一对猫耳朵，但却是冰做的，还散发着巧克力的香味。更麻烦的事出现了，"呼"的一声我整个人都变成了一只猫咪，哦，不，是一块小喵冰棒。

"哦！我得带你去见猫女王，快点快点。"说着它就把我拿起来，快速地向一片树林跑去。万万没想到，小时候在这玩耍的我，曾经想爬到栏杆外的我，成了一根冰棒，那只猫跑到栏杆外的小洞里，飞沙走石弄得我睁不开眼睛，等到我揉揉眼睛，再次睁开时，我已到了一个全新的世界。

在这个世界的皇宫里，猫女王戴着面纱，隐约能看到它的面容，它说："你是最后一根冰棒，你有一个特权，一百天之内得让一个人把你吃掉，让他代替你成为冰棒。"女王话音刚落，我又变成了一只猫，她给了我一根冰棒，装在盒子里的那种。

我拿着冰棒，瞬间明白了，刚才遇见的那只猫，也曾经经历过这一切吧？它现在去哪儿了？应该已经变成人回家了吧。

我好想回家。所以，我要赶紧让别人吃掉我手里的冰棒。

接下来的几天，冰棒就是我的救命稻草，但那些匆匆走过的人根本无暇帮助我，即便看到了，也只是低头瞥一眼就走开了。偶尔有小孩走过，他想去拿我手上的冰棒，但都被大人拎走了。第九十九天了，就算是装在冰里（可以使冰棒不化），冰棒也快要融化了。忽然，一只猫走来，它把手伸出来，我半信半疑地把冰棒伸过去，但一看，这不是花斑猫吗？它说："我本来就是一根冰棒，想'体验'一下猫的生活，我想，现在我可以变回来了。"说完，它就把冰棒吃掉了。

它，成了最后一根小喵冰棒。

我的奶奶是女巫

楼夏语

　　世界上确实有女巫。女巫自然是女的,她可以认出世界上的每一个人,可你却认不出她。或许,你的右边就坐着一个女巫,正朝着你大笑;或许,你们家族中就有一个女巫。

　　我的奶奶说,她其实有女巫血统。我的奶奶就是一个女巫,这事儿我在小时候就知道了。瞧!我现在就在床上听她讲故事呢!讲的是个女巫的故事——我的奶奶是个混血儿,她的父亲是英国人,而她母亲是中国人,她在英国出生,被检测出来拥有女巫血统。也许,她们一家,也就是我曾曾曾曾……曾祖母就是女巫。可到我爸这一代,就没有一位女巫了。说也奇怪,明明奶奶是混血儿,为什么还能保持她的女巫血统呢？这当然是个永远的谜了。反正，至今为止，我们家族就只剩下我奶奶一个女巫了。

好了，言归正传。这时我躺在床上，身旁坐着我的奶奶，她穿着一身淡蓝色的衣裳，蓝得没有一丝杂色，领口扎着个小蝴蝶结，端坐在她的摇椅上。

故事开始了："来，小宝贝儿，在讲这个故事之前，我必须要告诉你，这世上真的有女巫！"

"哦，这我知道，那么，快些开始吧！"这是我第一次听女巫的故事。

这得好好谢谢我奶奶的好朋友，米丽·埃诺塔，我叫她米丽阿姨。那天，她与奶奶在后花园里喝下午茶，她们的一段对话被我灵敏的小耳朵听到了，大概是这样的：

"近日女巫女王怎么样？"我奶奶问道。

"唉，你知道的，自从你这个堂堂正正的蓝衣女巫，唯一的女巫女王之位接班人离开女巫之家，去了人类世界，并当上了一位孩子的奶奶，女巫女王就非常担心。你知道这会使你永远不能回女巫之家，这也是女巫女王现在一病不起的原因啊！"米丽阿姨说。

听到这儿，我明白了，米丽阿姨也是女巫！我一下子冲出去，朝着米丽阿姨问道："难道？难道米丽阿姨您……

也是……女巫？”

“哦，是的。”

我开心地尖叫起来，我太喜欢女巫了，我巴不得自己也是女巫呢！

“刚才您说，说我奶奶是蓝衣女巫？”我继续问道。

“嗯。看来你什么都知道了，那就实话实说吧。你的奶奶一生下来就被检查出拥有女巫血统，一旦查出是女巫血统的人，就必须进入女巫之家，不能再回人类世界。而每位女巫只有一次选择进入人类世界的机会，一旦进入人类世界，就不能再次回女巫之家生活。”米丽阿姨喝了一口茶，继续说，“就是因为你的出生，让你的奶奶坚定了要生活在人类的世界，再也不回去了。”

“为什么我的奶奶还有机会可以回去？”我问道，“不是每个女巫只有一次选择的机会吗？”

“女巫之家里有许多庞大的家族，女王是在这几个大家族中选出来的。你的奶奶刚出生，就被选为女巫之家新一代女王的接班人。作为新一代接班人，她可以拥有体验人类生活的权力，所以她拥有两次机会。一次是选择是否要亲身体验人类生活，一次是选择是否要回来继承王位。”米丽阿姨又喝了一大口茶，便继续说道，“我作为女王派来的使者，这次是专门来请你奶奶回女巫之家继承王位的，可你的奶奶却因为你，始终不肯回去。"

听到这儿，我热泪盈眶。

奶奶没有走，女巫世界的女王现在到底是谁，奶奶也不知道。她给我讲的关于女巫的故事，都是发生在很久很久以前的，并且奶奶似乎越来越健忘了，慢慢地，那些故事都变得不太完整了。

我好想米丽阿姨再次出现在奶奶的咖啡桌前，听她们一起聊女巫王国的故事。可是，从那以后，米丽阿姨再也没有出现过，也许是她当了女巫女王也说不定呢。

但是，与女巫的故事相比，幸好我的奶奶还在我的身边，要是像米丽阿姨一样从此消失在这个世界，那我该有多想她呀！

愿望拨浪鼓

周　悦

　　"咕咕噜噜，咚咚咚"，这是什么声音？这是在哪里？啊？这里是"咕噜咕噜，咚咚咚"的森林，这里的声音守护着大家。可是有一天，"咕咕噜噜，咚咚咚"森林（现在开始简称为咚咚噜森林）变了，天天发出"噗隆得咚呛，呜咕咚呛"的声音，吵得动物们睡不着觉。

　　大胆的小老虎呜呀是森林里最厉害的，所以它一出现，其他动物就都躲起来，很害怕它。呜呀很孤单，也很伤心，想："为什么我没有朋友呢？"于是，它觉得发出这个声音的动物肯定也很孤单，它打算去寻找它，它希望自己有一个朋友。

　　它踏上了路，含泪离开了咚咚噜森林，只留下一张纸条:"再见我的家人们,再见……"动物们看见纸条都哭了,说:"其实呜呀也没什么好怕的呀,它很善良,我们对不起它,呜呜……"动物们也准备去找那个声音,不知道呜呀在不在那里。

呜呀走呀走,发现响声越来越大,越走近越响,呜呀继续向前走,过了好一会儿,呜呀来到了一条小溪边,声音又变了,好像在说:"在这儿,在这儿,呜呀,我在这儿。"

呜呀听见了,是小溪里有东西在说话,它没听错。

呜呀问:"你是谁? 你怎么知道我的名字?"

"呀,话真多,先救我上来再说吧。"

"哦。"呜呀说着便跳进溪里。

"我在这儿,石头下面。"那个声音又响起来了,"噗隆得咚呛,呜咕咚呛!"

呜呀把它拉上来,又转身背朝墙坐了下来,发现说话的是一个拨浪鼓。风吹起来了,两个小珠子敲打着鼓面,发出"咚咚"的轻巧的声音,好像在说:"谢谢! 谢谢! 我可以给你一样东西,只要你把我放在你的衣袋里就可以了。"

"不用麻烦了。"呜呀推辞道。

"不要东西的话,你可以许一个愿望。"

"那……那我要个朋友,如果你做不到也可以不做。"

呜呀忙说。

"呛呛!"拨浪鼓生气了,发出刺耳的声音,说,"哼!你都把我气咳了,谁说我办不到?"于是,拨浪鼓快速地转起来了,发出了"沙沙沙"的好听的声音,呜呀觉得脑袋一昏,就睡着了。

阳光明媚,呜呀发现自己竟然躺在床上,好像什么也没发生一样。

门外的动物们喊:"呜呀,出来玩呀!"

呜呀打了自己一下,痛得直哎哟。

它又摸摸衣袋里的东西,说:"谢谢你。"

那个东西发出"咚咚"的响声,仿佛在说:"不用谢。"

呜呀开开心心地出去玩了。

现在,呜呀在森林里很受欢迎。

阿布的云朵蛋糕

孙紫睿

香喷喷、甜蜜蜜的蛋糕，光是闻一闻，就令人十分陶醉；咬一口，那绵软的口感，清香的水果味，甜而不腻的奶油，嗯，这种美食深得小动物们的喜爱。

"欢迎，欢迎！"这是当下最热门的云朵蛋糕店，是由大象经营的。嗯，开头那两句欢迎，就是大象用憨厚的声音说的。每家每户的电视上，都播放着云朵蛋糕店的广告。是的，这里的蛋糕实在太美味了。连小老鼠一家的迷你电视机上，都看见了一排排光看看就让人垂涎三尺的"艺术品"。

哦，我们的主人公阿布，就是那只蹲在电视机前，满眼放光的小老鼠。记得他上一次吃蛋糕，还是去年过生日的时候，妈妈带他到蛋糕店里，翻着垃圾桶里的边角料，美美地饱餐了一顿，就连那台小电视机，也是捡来的玩具电视机。"唉，我什么时候才能每天都吃到蛋糕，或者永远住在蛋糕里呢？"阿布一只手托着小脑袋，盯着电视思考着。

原来呀，自从阿布去年第一次吃蛋糕后，就深深迷上了蛋糕，尤其是那抹茶味的蛋糕呀，茶的自然芳香直扑入鼻，仿佛已经身往阿布向往的大森林，是如此的清新啊。白色与绿色的奶油在嘴里慢慢融化开来，奶香与茶香，竟神奇地融合在一起，多么绝妙的搭配啊！奶油里的巧克力与红豆，颗颗甜甜的。最重要的是那如云朵般的绵软的蛋糕胚，长得像极了海绵，在口里含不了不久，稍微用舌头翻卷几下，也就化开了。

时隔多日，又到了阿布的生日，妈妈攒足了钱，带小老鼠到了云朵蛋糕店。

那一张二十元的动物世界货币——瓜瓜币，对于老鼠一家来说，实在是太大了。老鼠一家扛着瓜瓜币，来到云朵蛋糕店，这梦一般存在的蛋糕店，如此美好，美好得有些虚幻。阿布小心地排着队，可是他们实在太渺小了，被其他小动物们挤来挤去的，急得阿布吱吱叫。善良的小兔发现了阿布，帮助阿布站上了柜台，成功买到了"抹茶云朵"蛋糕。

阿布终于如愿以偿，住进了蛋糕里。

乘着风儿去旅行

朱铿谕

从前,有只七星瓢虫,它只有人的小拇指指甲盖那么小,长着两根小天线,穿着一身红衣裳,上面有七个小黑点。

炎炎夏日,午后,小瓢虫流星,在叶子上悠闲地晒着太阳,喝着甘甜的露水,与姐妹们欢快地聊着天,享受一天中最美好的时光。

“姐姐,你看过外面的世界吗?”流星问。

“没有啊,我可不要去外面,外面多危险啊!”

“可是我听别人说,外面很好玩的,你要不要一起……”

还没等流星说完,姐姐就说:“我不去!”

我到底该不该去呢？流星心想。最终，好奇心战胜了恐惧，流星准备出发啦！它跟爸妈说："爸爸妈妈，我要去外面啦！"爸爸知道劝它是没有用的，只能叹了口气，摇了摇头，妈妈也很无奈，只能丢下几句"早去早回""路上注意安全"之类的话。

流星早就和小蒲（蒲公英）说好了，在风爷爷的帮助下，它们顺利启程。

当它们飞上蓝天时，流星被眼前的景色惊呆了，高山流水，柳绿花红，鸟儿在枝头"啾啾"鸣，青蛙在池塘"呱呱"叫，小朋友在草地上嘻嘻哈哈地笑。风爷爷把它们安顿在一处草丛里，小蒲准备生根发芽。

流星左看看，右瞧瞧，这时，一只十六星瓢虫爬了过来："咦？你是谁呀？长那么好看！"

流星回答："我是七星瓢虫，我正在旅游，请问附近有什么好玩的地方吗？"

"嗯，今天中午有走秀选美大赛，你可以去哦！"

中午，选美大赛开始了，主持人一一报着上台走秀的瓢虫的名字。等报到流星名字的时候，还没弄清楚比赛规则的流星被十六星瓢虫推上了台。茫然的流星，站在台上，有点不知所措。

"哇,黑红相配,太好看。"

"这是谁家的孩子呀?"

观众们纷纷议论了起来。

流星揪着衣角,像挤牙膏一样挤出几个字:"大,大家好,我是七星瓢虫。"

"哇! 这声音太好听了吧!"

"从未听过,我真是大饱耳福了啊!"

观众们议论的声音再次响起。

评委十五星瓢虫喊:"不用选了,冠军就是它!"

等拿到了奖状,流星才回过神来。

流星在十六星瓢虫家族里待了几天,发现它们只吃叶子不吃蚜虫。流星和它们可不一样,它喜欢吃蚜虫。它们生活的地方并没有多少蚜虫,它只好拒绝了十六星瓢虫的盛情挽留,离开了这个地方。

流星在外面流浪了几天几夜才发现一处"好地方",有很多清澈的泉水,还有许多蚜虫。

就这样,流星去了一个又一个地方,遇到了好多它之前没有见过的虫子,还遇到过飞鸟,吃虫子的飞鸟。它差点就葬身鸟腹了,幸好来了一阵风,它顺着风的方向猛地一跃,躲到了一片叶子的背后才幸免于难。它已经学会了怎么寻找美味可口的食物,学会了怎么判断敌友。

终于在一个午后,它想家了,风爷爷跑过来说:"快回去吧! 家人可想你了。"流星就急忙抓住一根折断的树枝,跟着风爷爷回到了家。但是从那以后,它总是会想:如果有机会,我还要再出去旅行一次。

珍珠传奇

朱铿谕

珍珠,大家都见过,形态不一、颜色各异,每个人都非常喜爱,但珍珠的形成却是一件痛苦的事情。

早在几十年前,在波斯湾这个地方,生长着许多蚌壳,大家都居住在这里。

我是一个生活在波斯湾的蚌壳,每天无忧无虑,可以晚起,可以晚睡,可以和朋友打闹,也可以独自寻找乐趣。但就在今天,一件事情打破原本该有的平静……

一只小虫来了,大家按照惯例都把嘴巴合了起来。而我却没有合起嘴巴,心想,每次都闭着,该多没意思啊!旁边的蚌壳都瞪大了眼睛,像铜铃一样,吃惊地望着我,妈妈也很吃惊。她皱起了眉,眼睛眯成一条缝,又惊又气,看她那个样子,似乎是叫我把嘴巴闭上。我才不呢,坚决不。这时,这些小虫爬到了我嘴巴里。"嘶——好痛!啊!"我叫了起来,小虫爬到我舌头里,疼痛一阵又一阵席卷而来,我紧紧抓住海底的泥土,脸开始扭曲起来,豆大的汗珠流了下来,像是有魔鬼在作怪,我痛如刀绞,忍不住呻吟着。

爸爸妈妈都惊呆了,手足无措,不知道该怎么办才好。

大家议论纷纷:"这,这是怎么回事?"

"她怎么把小虫吃了进去。"

妈妈说:"小虫进了肚子里,可是有生命危险的。"

"好像是小虫自己飞进去的。"

"她看起来好难受。"

我听着这些声音,意识慢慢变模糊了,疼痛使我眼前一黑,晕了过去。

一个早上,我缓缓睁开眼睛,视线慢慢变得清晰,一家人都围在我身边,一看到我醒了,立刻凑了过来,七嘴八舌地说道:"小姜,感觉好点了没有?"

"吴医生说你体内长了一颗皮球一样的东西,叫你醒过来后再去他那里看看。"妈妈说道。

爸爸则略显严肃:"你怎么可以把小虫吃进肚子里呢?这样是很危险的,知不知道!现在好了吧,造成了那么大的伤害!"

"好了,好了,孩子才醒,再说下去,小心又晕过去。"奶奶说。

哥哥给我讲了前因后果,吴医生说我嘴巴里进了的小虫——寄生虫,粘在了我的体内,没有办法吐出,我的外套膜受到刺激,分泌出了一种物质,这种物质不断分泌,会慢慢将外来的寄生虫一层一层包裹起来,形成像球一样的东西。

每天,我都含着这颗球,忍受异物的折磨,但也就是因为这个,我成了万众瞩目的焦点。每天,都有来往的蚌壳和鱼看看我,揣摩揣摩我的球,直到有一天……

我来到岸边玩耍,一个拿着手提箱的人看到了我,我正好张开嘴巴,若隐若现地露出那颗球,他看到我的球,先是吃惊,接着匆匆地朝我走了过来。我不知道他要干什么,只见他打开手提箱,拿出了一个夹子,我似乎意识到了什么,想逃走,可惜已经来不及了,他那长长的夹子向我伸来。我被他夹住了,装进了一个透明的、有水的袋子,我望向那片深蓝的大海,既恐惧又难过,眼泪止不住地往下流。夕阳西下,我被带走了。

我被那人带到了一个地方,他把我放到一张大桌上,拿着闪着寒光的刀用力插进我的体内,刀身向上一撬,我的壳被迫打开了,露出里面软软的肚子,还有那个球。

他把我的球取了出来,称它为"珍珠"。他把珍珠镶嵌在一顶皇冠上,这是人类发现的第一颗珍珠,而我也是第一枚拥有珍珠的蚌。

树根逃亡记

周 悦

在大森林里,动物有生命,植物也有生命,所谓"物有物语",植物和动物之间也可以对话。

有一天,人类开着车来到了大森林,他们要在这儿造房子,把所有的树砍掉,把所有的土堆铺平。

"轰轰!轰轰!"大卡车也跟来了,人们要用它来装多余的土和被砍掉的树。

只听见"砰"的一声巨响,人们把那棵几百年的参天古树砍倒了。过了一会儿,四周安静下来了,森林从此陷入了死一般的沉寂,这里成了黑女巫的地盘,叫黑色的寂寞城。

黑色的寂寞城里有一根树根,叫"墨莲",是一根微不足道的小树根。但是这树根却长得十分奇怪,像人一样,所以受到了其他树根的冷嘲热讽,生活得很痛苦。

它讨厌黑暗,它想去外面看一看。有一天,黑暗女巫听见了它的心声,决定让它先看看这个想法是不是个好想法。墨莲一觉醒来,发现自己边上的土松动了,一个人把它挖了出来。

"哇!这可是上好的樟树根呀!"

原来那是一个雕木头的工匠啊!他要雕树根!

墨莲在篮子里悠闲地躺着,全然不知会发生什么事情,它晒着太阳,让自己暖洋洋、亮晶晶的,并且发出让人陶醉的樟木香气。

到了工匠家,工匠拿起了刀,墨莲这才知道自己即将遭遇的会是什么。它吓得瑟瑟发抖,最终晕了过去。

工匠在墨莲的身上左一刀,右一刀,慢慢地,墨莲的身上变幻出了一件可爱的衣服,衣服里伸出了两只胖乎乎的小手,轻轻地搂在胖乎乎的肚子上。原来,工匠把它雕成了一个木偶娃娃。

木偶娃娃被当作生日礼物送给了工匠的孩子。墨莲第一次尝到了被人类紧紧拥抱的感觉,那真如同一个美丽的梦境一般。

墨莲觉得幸福极了,她再也没有回到过黑色的寂寞城。

那个想要教训一下墨莲的黑暗女巫呢?正在黑色的寂寞城里唉声叹气地后悔呢,她真后悔不该用魔法让工匠发现墨莲。现在,墨莲得到了人类的爱护,她再也没有力量去将墨莲召唤回来啦!

苍耳的一生

周 悦

在弯弯曲曲的小路边，有一抹绿，那可不是普通的杂草，里面有许多珍贵的药材呢！

苍耳子，是苍耳结出的果实，带刺，刺上有钩子，是一种卵形刺球果实，很轻灵，小巧玲珑。正是这样，它才能被动物或人类携带着进行传播，如果又大又重，就会从动物身上掉下来，或被发现。

在一个早晨，苍耳妈妈结出了一个个苍耳子，过了一会儿，一只长毛流浪狗路过了这里，一个个小小的苍耳子告别了苍耳妈妈，和长毛流浪狗一起去旅行了。

两颗苍耳子落进了公园的草丛里，一个叫一一，另一个叫二二。一一想：我一定要成为像妈妈一样高大的苍耳！而另一颗苍耳子却很着急，想着：没有了妈妈，我怎么活？就放弃了成长。一一努力地吸收着营养，二二天天游手好闲，抱怨日子太苦，还对一一说："你怎么做都白费力气。"一一不听，坚持自己的梦想。

过了几天，一一已经有小手臂长了，而刚发出芽的二二，因为地面没有水了，根又懒得寻找水源，被渴死了。一一把根扎到泥土深层去喝地下水。

又过了一些日子，太阳暖暖地照着大地，一一伸了伸懒腰，它已经有小朋友的三分之二高了。这时，传来了一阵笑声，原来是一株狗尾巴草。它边笑边说："你的茎那么细，叶子那么大，弱不禁风的样子，没准今晚就断了呢。"一一没有理它，它的叶子是很大，几乎每片叶子都有小孩的半个巴掌那么大，最大的有一个手掌那么大呢！它的茎是很细，铅笔那么细，最粗也粗不过大拇指。一片片大大的叶子把细小的茎给遮得严严实实的。一眼望去，活像一个大头娃娃。

傍晚，天突然沉了下来，闪电劈开了天空，发出了巨大的雷声。之后，又下了一场暴风雨。雨后，那株狗尾巴草已经毫无生气了，一一虽然掉了几片叶，但仍然站在那里一动不动。要是我在暴雨中站一个晚上，就一定会发烧

的,它可真坚强啊。

它开花了,花很小,很不起眼,粉粉的,可爱极了,藏在叶子中间,——很高兴。

一晃,又过去了一个月,它结果了,果实一簇簇的,很轻。——更开心了,因为果实就是种子,它有孩子了。

果实成熟了,一只野兔跑过来,带走了它的希望。它希望它们茁壮成长,像它一样高大,像它一样勇敢,打败一切困难,坚持下去。

秋天到了,虽然它快要死了,可是它繁衍出了一个大家庭,它们可能在潺潺流水边,可能在大树下,可能在路边,混在杂草里,也可能在山林中隐居着。

还有一些,被人采摘,晾晒,送进了药店、药房,成了一味中药材,就是苍耳子,有发散风寒、通鼻窍、祛风湿、止痛等功效呢。

恶魔之草

陈婧萱

　　我是一株捕虫植物，我的外形长得很像一个瓶子，所以人们给我取了一个响当当的名字——瓶子草。不谦虚地说，我可是家族里的一大美人，不知"迷倒"了多少只虫子。

　　一个春日的上午，阳光暖暖地洒在大地上，一只小蟋蟀慢慢爬上了我的身体，我尽可能将自己最美的一面展现出来，我怎么可能将到手的早餐给弄丢呢？小蟋蟀或许并不知道我的"美人计"，看到我如此美丽还好奇地向上爬，爬到瓶口了，就颇有兴趣地向里看，那里面就像是一座铺满彩色玻璃的教堂，绚烂又神秘。它将小脑袋向里一歪，"噗通"一下就摔了进去，一瞬间，天旋地转，可怜的小蟋蟀完全迷失了方向，只能静静地等着我用黏糊糊的黏液将它一点一点慢慢地吃掉。

我最敬佩的人,哦,不对,是植物,是我最亲爱的大表姐——捕虫堇。她的外表像一棵多肉植物,可可爱爱,很讨虫喜欢,她那萌萌的模样,看上去一点也不像我们捕虫植物大家族的一员。她与多肉最大的区别,在于它那胖墩墩的叶肉竟然就是她用来捕虫的工具,那叶面分泌的黏液,会将爬到上面的昆虫困住,令其动弹不得,然后再分泌另一种消化液将猎物分解吸收。

清晨是大表姐捕虫堇最美的时候,也是最危险的时候。因为那个时候,大表姐捕虫堇分泌出的黏液最多,她怎能不好好饱餐一顿呢?当有小虫子爬到她身上时,大表姐便开始悄无声息地吸取养分了。哦!天哪!可怜的小虫啊,竟毫无还手之力,只能静静地等待大表姐捕虫堇将它的养分吸光,最后连整只虫子都消失得无影无踪,真是"杀虫"于无形之中啊!

在我们捕虫植物大家族中,还有许多兄弟姐妹。叶子长得像扇贝的捕蝇草,能以迅雷不及掩耳之势,在昆虫飞近时瞬间合上叶片,将昆虫关个严严实实。市场上最常见的是与我有些类似的猪笼草等。我们危险又迷人,奇异又神秘,正等着人们来了解更多,发现更多呢。